優渥叢書

化「失言」轉成

被秒稱讚的77個說話技巧

這年頭，說話可以直，但要記得帶點甜！

朴真英박진영◎著　馮燕珠◎譯

한순간에 관계를 망치는 결정적 말실수

3
Chapter

學「蔡康永式」的說話：思考要快，講話要慢 85

CONTENTS

Chapter 4

Chapter 5

給建議也可以，但記得別踩到「底線」！

CONTENTS

7
Chapter

歐巴馬……教你，鼓舞人心的「道歉術」！ 223

前言

人生最該學的一堂課：化解失言、轉為稱讚的技巧

人在一天之中究竟會說多少話呢？

二〇〇七年，美國亞利桑那大學心理學研究團隊針對這個議題，透過三百九十六名對象進行實驗。

過程中，調查團隊將每隔十二分半，就自動錄音三十秒的錄音機，貼在被實驗者身上，以調查每人每日所使用的單詞數量。

調查結果顯示，以人類每天平均清醒時間（十七小時）換算後，每人每日約使用

一萬五千九百五十八個單詞。

這個研究的最初目的，是為了確認女性說的話是否真的多於男性，但最終結果顯示，女性只是在使用的單詞量上比男性多一點而已（女性：一萬六千兩百零五個；男性：一萬五千六百六十九個），除此之外並無太大差異。

另外，根據結果統計，假設一句話由五個單詞構成，那麼人在一天當中大概會說出三千兩百個句子。

雖然這是美國的研究，但世界各地的情況大致上都差不多。然而我們應該思考的是，我們是否懂得在適宜的時間、地點，說出適當的話？

筆者任教於某大學時，有堂溝通課上，一名學生分享了親身經歷：「我讀國小時曾做過性向測驗，結果顯示我得憂鬱症的機率是零。當時我認為這代表我屬於積極進取的性格，所以感到非常高興，但是我告訴父母這件事後，他們卻對我說：『你一定是腦袋空空，才會出現這種結果。』」

這名學生雖然知道父母沒有惡意，甚至可以說是一句玩笑話，但他卻因此受到很大的打擊。從他已經讀到大學，都還對小時候的事情印象深刻看來，父母那句話對他造成的傷害，遠比想像中更大。

無論在哪個國家，都有各種勸人說話要小心的格言或忠告，也有人把說出口的話比喻為刀、箭，代表胡亂發言會帶給他人傷痛，而且永遠無法挽回。本書也舉出許多我們平時可能沒注意到，卻是真實失言的例子。

社會上，有許多名人因為說錯話，害自己長久累積的權位和名譽瞬間崩塌。這是由於公眾人物發言的影響力很大，所以當他們失言時，大眾會發出更強烈的責難，要求他們謹言慎行，以免出現不良效應。

當然，一般人也會失言。讀者只要仔細留意就會發現，那些在我們心中留下深刻傷痕的話，大部分來自與我們較親近的父母、兄弟姊妹、朋友。

但大多數失言的人並不會察覺，即使知道了，也很容易忘記，下次照樣說出類似的話；然而聽到的人卻無法輕易忘記，而且可能還為此深受痛苦。

想要避免失言，就得先知道何謂失言。也就是說，要懂得什麼話不能講，如此就可以盡量減少說錯話的機會。另外我們也應該學習，發現自己失言後該如何補救。

我寫這本書的最終目的，是希望幫助人們從害怕失言的恐懼中跳脫出來，讓大家可以進行心靈交流、毫無阻礙地進行對話。

本書分析了各領域專業人士的經驗，以及我的學生所分享的實例，特別是在演講或課堂上，大家所寫下的「最傷人的一句話」，這些案例皆對本書有莫大的幫助。

美國喜劇演員格魯喬．馬克思（Groucho Marx）曾說：「要懂得從別人的錯誤中學習，因為沒有人長壽到能親自犯完所有的錯。」

希望讀者們可以把書中出現的失言例子當作反面教材，並藉此回顧自己說話的習慣。在此，我也想向那些願意分享慘痛經驗之人，表達深深的感謝。

人類是不完美的存在，想一輩子不說錯話是不可能的，但是我們可以藉由學習，學會與他人深切共鳴的對話方法，並透過他人因失言而受傷的經歷，尋找說好話的方法，以降低失言的機率。

Note

/ / /

Chapter 1

說話可以直，但說多了就……

01 世上90％的人有「玻璃心病」，別動不動就擊碎它

對一個手頭不寬裕的大學新生來說，找到一家經濟實惠的餐廳是非常重要的。若此時有人可以請自己吃飯，更是再好不過的事。

有天晚上，這名手頭緊的大學生遇到一位學長。學長一見到他就熱情地說：「吃過晚飯了嗎？如果還沒吃，學長請你吧。」接著便帶他到巷子裡一間破舊的小吃店。

他原本不抱期待地點了一份炒飯，但沒想到餐點意外地好吃，而且價格也相當便宜。

吃完飯後，他對學長說：「謝謝學長，我都不知道有這麼俗擱大碗的店。」接著

兩人寒暄一番後就各自回家。

之後他漸漸發現，學長似乎不太理他。

剛開始他以為對方沒有認出自己，但幾次過後，他感覺學長似乎是故意假裝沒看到他。

這個故事是我去某間企業授課時，其中一位職員所分享的。

究竟發生了什麼事呢？

他事後仔細回想，覺得自己當時用「俗擱大碗」這個詞似乎不太適當，應該說「不貴、東西又好吃的店」才對。

站在學長的角度或許會覺得：「我請學弟吃飯，但他只記得我帶他到一間破舊小吃店吃飯而已。」內心可能會感到受傷；又或許學長認為自己投以好意，卻換來嘲諷，所以才不想再與學弟來往。

再舉另一個溝通不順的例子。

某家公司的高層主管再過不久就要退休了，所以在最近一次的人事異動中，被調到一個清閒的職位。

從前他總是身負重任、忙進忙出，不僅很少與同事交流，也幾乎不休假，大家都稱他為「工作狂」。

在他轉調閒缺之後，騰出了許多時間與朋友們見面。

大家見到他都問：「離退休還有多久？」他回答：「不到一年就要退休囉。」結果其中有位朋友說：「你現在多了這麼多時間一定很高興吧？你可以多休息、多排點休假行程。」

有喘口氣的機會不是很好嗎，那可是大家都在追求的退休生活。

但其實他認為，自己的能力與體力都還可以應付公事，所以不想因為快退休，而被調到沒事做的職位，加上捨不得離開公司，所以朋友這麼說，反而讓他更難過。

他感覺那句話就像對躺在加護病房很久的老人說：「這段時間辛苦了，您現在可以放心地離開了。」

人們無心的話語，經常在對方心裡留下深深的傷痕，雖然說者無意，但聽者可能會有不同的解讀，當兩人見解不同，就可能傷害到彼此間的關係。

思考一下

如果公司前輩即將退休，你該如何表達祝福？

謝謝前輩的付出，我們在您身上學習到好多知識。

前輩退休後就好好休息，接下來的事交給我們就好。

02

越親近的人，越容易對你「情感霸凌」

前述提到，親人、好友，或信任之人所說出的話，對我們造成的傷害會更大、更深，因為那會讓人產生一種被背叛的感覺。

有位大學生向我分享了一個故事：「從小，我的媽媽就希望，身為獨生女的我可以比別人更堅強、獨立，因此一直非常嚴厲地教導我，有時甚至會打我，讓我身上留下一道道疤痕，但媽媽看到我的傷口卻說：『希望傷痕在爸爸回來前會消退。』」

她的媽媽比起心疼女兒身上的傷痕，更擔心會受到丈夫責備。

這件事雖然已經過了很久，然而那位大學生卻依然無法忘記，而且也因此認為媽媽不愛自己。

雖然長大後，她多少可以理解媽媽當時的行為，但內心的傷痕卻始終無法消除。

另一位出身於富裕家庭的青年企業家，也有類似的經驗：「二十幾歲時我第一次創業，然而因為經驗不足，最後還是失敗了。當時我慘到連房子、車子都得變賣，整個人意志非常消沉。有天，媽媽要我把我養的狗帶回老家，正當我要離開家裡、回到租屋處時，媽媽叫我把狗留下，並撂下一句：『你真是一個連狗都養不起的傢伙。』」

他聽到後立刻把狗搶過來，接著轉頭離開。

在他最落魄、困難的時候，應該作為心中依靠的媽媽卻說出那種話，更讓他難過、心痛。

筆者在大學任教時，曾請學生們寫下「傷我最深的一句話」。

在收到的數百個案例中，我發現一些共同點：第一，最傷人的話語絕大部分來自於父母，或是朋友等關係親密的人；第二，這些話大多都很傷自尊；第三，大部分都是日常對話，但這種話往往傷人最深。

以下就舉出一些大家最熟悉的例子：「賠錢貨」、「出去不要跟別人說你是我們家的小孩」、「沒有用的東西」、「一天到晚只會讓我丟臉」、「你以後到底可以做什麼」、「我真不知道怎麼會生出你這種孩子」等等。

此外，在課堂上有另一位大學生分享了自己的故事：「有一天，我媽用很失望的表情對我說：『你曾經是我的希望……。』我聽完後難過了好久。」

子女聽到父母說出這樣的話，會下意識地認為，父母對自己不再抱持任何希望，即使知道對方或許沒有那個意思，卻仍然會對自己與未來感到絕望。

而某公司的職員K，則是因為丈夫一句無心之言，感到非常受傷：「有次公司聚餐到很晚才結束，我打電話給丈夫說：『時間很晚了，我有點害怕，你可不可以來巷子口等我？』但丈夫卻回我：『想太多了吧，連鬼都不敢抓妳，妳就自己回來吧。』」

K的丈夫沒有想到，他隨口一句玩笑話，卻讓妻子受到莫大的傷害。

人心很脆弱，有時小孩說出天真無邪的話，也可能會讓大人難過，就像以下的例子。

有位女性企業家曾告訴我：「不久前，我帶女兒去與一位漂亮的朋友聚餐，女兒竟然對我說：『媽媽長得好像巫婆喔！』那一刻我真的難過得快哭了。」

對越親近的人說話越要小心，以免無心之言在他們心裡留下無法抹滅的傷痕。

思考一下

如果家人深陷低潮向你訴苦，你該如何回覆？

- 站在他的角度安慰他，並給予陪伴、依靠。
- 用譴責的方式激起他的戰鬥力。

03

叔本華的「辯論藝術」vs. 喬爾斯基的「對話雙贏」

對話的英文是「dialogue」，源自於希臘文的「dialogos」，是「dia」（在……之間）和「logos」（話）的組合詞。因此我們可以解釋為：在人與人之間流動的話。

辯論的英文則是「debate」，源自於法文的「debatre」，是由「de」（因何事）加上「battuere」（爭吵或鬥爭），有以話爭執的意思。

值得一提的是，辯論中雙方或多或少會受到傷害，但只要不涉及人身攻擊，有些傷害是可以被默許的。

哲學家叔本華（Arthur Schopenhauer）在其著作《叔本華的辯論藝術》（*Die*

Kunst, Recht zu behalten）中，更極端地解釋辯論，他說：「人們在生氣的狀態下，無法正確判斷或感知自己的長處，所以如果想激怒對方，可以明目張膽地批評對方或故意找碴。」

這位哲學家還將贏得辯論的方法擴大範圍，包含：裝模作樣、抓人語病、人身攻擊、強詞奪理等心機極深的手段。

若不論道德瑕疵，想在辯論中獲勝的人，使用叔本華所提出的技巧，也許會有所幫助。但如果是想取得對話共識的人就另當別論，因為人與人之間的對話，必須要有交流才行。

在《領導聖經》（*Synchronicity: The Inner Path of Leadership*）一書中，作者約瑟夫・喬爾斯基（Joseph Jaworski）提到：「所謂的對話不會強制雙方達成協議，反而是鼓勵大家參與共同行動，實現有意義的共享。」

當我們可以與他人流暢地對話時，會發自內心感到快樂；若是溝通不順，讓對方受傷，那就是一種失敗的對話，會讓雙方都感到不悅。

無法準確傳達想說的話，很容易產生誤會；沒有站在對方立場就發表意見，你的原意也可能會被扭曲。無論是哪一種，都對你的人際關係有害。

人類是不完美的存在，為了避免在言語上傷害他人，我們需要持續地修正自己的說話方式。

思考一下

與他人對話時，用什麼方法才能取得共識？

- 站在對方立場，不強制別人與自己達成協議，進而實現有意義的共享。
- 抓對方語病、強詞奪理，無論如何就是要吵贏對方。

04 說話讓人微笑還是跳腳，關鍵就在……

我們常誇讚別人「口才好」、「會溝通」，但是在我看來，對話的目的是使雙方心靈相通，所以比起任何溝通技巧，擁有一顆真誠的心最重要。

《論語》中有許多這樣的例子。

例如〈先進篇〉中提到，孔子某次受困於匡地，當時他最重視的弟子顏回消失了好一陣子，孔子為此一直坐立不安。

直到顏回再度出現，孔子才鬆一口氣地對他說：「我以為你遭遇不測了。」顏回也恭敬地回答：「老師還在，我怎麼敢死呢？」

這就是因為雙方都惦記、擔憂著彼此，才會出現如此溫暖的對話。

試想，如果孔子認為顏回沒有好好約束自己，而生氣地說：「你這小子跑去哪裡？現在才回來！」那麼顏回又會如何回答呢？

俗話說得好：「一言使人笑，一言使人跳。」同樣一句話會根據表達方式上的微小差異，帶給對方全然不同的感受，所以說話時要懂得分辨情況、慎選用詞才行。

筆者身邊就有個實際例子。

我有個朋友很喜歡戴墨鏡，即使在室內也不願意拿下來，其他朋友看不下去便說：「有沒有搞錯，在這麼暗的地方也要戴墨鏡？」

我想無論多好的朋友，聽到這樣的話都會不爽吧！所以應該換個方式說：「我真想看看妳的臉。」才比較不會得罪對方。

另外，稱讚的人很容易只重視「力道」。他們總認為越是稱讚對方，對方就越高興，但是其實稱讚的原因也很重要。

例如對一個認真工作的人說：「你真是靠天分吃飯。」忽略了他背後的付出，那麼他可能會對自己的努力感到氣餒。

還有對一個不是臨摹，而是抓住事物特色而作畫的人說：「你畫的跟照片一樣。」可能也會有點失禮。

總之，說話前多站在他人立場思考，便可大大降低失言機率。

思考一下

稱讚別人的時候，怎麼做才不失禮？

- 找到對方優秀之處，真誠地表達佩服之意。
- 自說自話、浮誇地稱讚對方。

05 敢笑妻子暴牙，你會死在她手上

有位上班族B，在高中時常常生病，因此時不時會去保健室向醫生拿藥。有天他領了藥，正準備拿起紙杯裝水吃藥時，有位老師走過來對他說：「終於抓到偷紙杯的人了。」

直到今天，B只要想起這件事還是非常難過。因為老師那句話的意思，分明是覺得，紙杯消耗得那麼快，就是因為B，但他其實很少使用紙杯。

這場單方面的誤會，在B心裡留下深深的陰影。

筆者授課或演講時，在與聽者們建立一定程度的信任後，就會請他們分別說出

「讓自己最傷心的一句話」，以及「自己讓別人感到最難過的一句話」。

統計結果顯示，大部分的人都記得前項，但卻想不起後項。

果然，比起帶給別人的傷害，人們更在意自己所受到的傷害。

日本「說話方式研究所」的會長福田健，在其著作《失言之人的理由》（失言する人には理由がある）中，曾舉過以下的例子。

有位小川先生在夏日的某一天，與妻子、女兒以及女婿一起吃西瓜。

突然，小川先生看著門牙有些突出的妻子，用自以為詼諧的語氣說：「妳真是太適合吃西瓜了！」

語畢，全場除了滿臉尷尬的太太外，其他人都哈哈大笑。

當下他完全沒發現妻子心情有什麼異狀，直到他外出散步回來，才發現妻子從此離家出走、去向不明。

小川太太對於丈夫在所有家人面前戲弄自己，感到很受傷，因此不願再回家，可見不當玩笑話的衝擊性是不言可喻的。

大家必須切記，不僅是家人，只要在大眾場合針對他人外表開玩笑，都會讓對方的自尊心更加受創。

思考一下

開玩笑時，怎樣比較不會失言？

👍 掌握尺度、開玩笑時對事不對人。

👎 在大眾場合上對他人的外表開玩笑。

06

酸民一句話，就會害死一條命

美國洛杉磯有位知名歌手寶拉．阿巴杜（Paula Julie Abdul），她於一九八〇年代唱了許多膾炙人口的熱門歌曲，人氣相當火紅。

阿巴杜有位狂熱粉絲，名為寶拉．古斯比（Paula Goodspeed），這個女孩正是因為太喜歡阿巴杜，所以在十五歲時，將名字改得與偶像一樣。

根據《紐約每日新聞》（*Daily News*）報導，二〇〇六年，古斯比參加了由阿巴杜擔任評審的選秀節目。但在她演唱結束後，她的偶像阿巴杜露出一副失望的樣子，表示自己無話可說，另一名評審也評論這段表演非常糟糕。

事後，古斯比在她的部落格中表示，這件事讓她感到痛苦無比。

不久後，古斯比失蹤了，她的父母請求警方在阿巴杜住家附近加強搜索，最後竟然在幾公里外找到她的屍體，而且一旁還放著阿巴杜的專輯及照片。

近年來，電視台之間的競爭越來越激烈，選秀節目對參賽者的要求也越來越高，我們經常可以看到，評審們毫不留情地給予選手殘忍的批評。

然而，人們對於他人的評價通常很敏感，特別是在群眾面前接受負面評價，更是讓人難以忍受，會隨著失落感與自尊心的低落，產生更強烈的羞愧感。

由上可知，即便我們想評價他人，也該有所保留，才不會傷到對方的自尊心。

思考一下

評價他人時，怎麼做才不會造成對方心理傷害？

👍 委婉地告知對方可以改進之處，並多加鼓勵對方的優點。

👎 嚴厲地指責、批評對方，讓對方無力回嘴。

07 政治人物因為一句「混蛋」，拱手讓出總統之位

一九五三年，日本召開預算委員會，當時的首相吉田茂和社會黨的西村議員，在會議上爭執不下。

西村：「首相之前曾說過，您認為應該樂觀看待國際局勢，請問此番言論是以什麼為根據？」

吉田：「那不是我個人的意見，是因為英國首相和美國總統都指出『戰爭正在逐漸減少』，所以我才會這麼講。」

西村：「我是問日本首相對國際政治局勢的展望，不是在問英國首相和美國總統說了什麼。」

吉田：「我現在就是以日本首相的身分回答你啊。」

接著，對話開始轉變為脣槍舌戰。

西村：「首相，您有必要那麼激動嗎？」

吉田：「不要說這種無禮的話。」

西村：「哪裡無禮了？」

吉田：「你明明就很無禮。」

西村：「我的提問何來無禮之說，您說的話才是無禮吧？我要求您以日本首相的身分回答，到底哪裡算無禮了？」

這時，已回到座位上的吉田說了一句：「混蛋！」

西村馬上憤怒地回：「您這是什麼態度？如果不把這句話收回，我也沒必要再聽您說下去了！」

吉田最後把話收回，但事情並未因此結束。

事後，社會黨以藐視國會為由，將首相吉田這段不當的發言提交給懲戒委員會，最後導致吉田不得不辭去首相一職。

他是日本政治史上唯一擔任過五屆首相的人，然而最後下台的關鍵，就是因為情緒過於激動，而脫口罵出的「混蛋」二字。

無獨有偶，美國也曾發生過政壇領導人失言，導致政局大變的例子。

二〇〇六年八月，美國選舉期間，共和黨的參議員候選人喬治・艾倫（George Allen），指著對手陣營內一名印度裔工作人員說：「你像穿著黃色上衣的『馬喀喀』青年。」

馬喀喀意指尾巴短小的猴子，有濃厚種族歧視的意味。

事後，這段話的影片被上傳到影音平台，影片瀏覽次數高達數百萬，他因此被烙上種族歧視者的印記，最後在選舉中落敗。

但後續不良效應不只如此。

當年選舉，共和黨因此事淪為在野黨，而且在CNN公布的「二〇〇六年政界傻瓜排名前五大」中，艾倫毫不意外地位居第一。

政治評論家馬克・普雷斯頓（Mark Preston）評價道：「如果沒有那部影片，艾倫肯定會是最有力的候選人之一。」

政治人物的一個噴嚏就可能撼動世界，所以在發言時務必要比他人更加小心。發表正確的言論，對社會產生正向的影響，才能為自己爭取到更多的支持者。

思考一下

在會議上與他人有不同意見，怎麼表達比較適合？

- 適時地冷靜、閉嘴，避免因衝動而說出無法挽回的話。
- 爭辯到底，就算攻擊對方也在所不惜。

08 席哈克一句玩笑話，讓即將到手的奧運主辦權飛了

二〇〇五年七月三日，法國總統席哈克（Jacques Chirac）參加了在俄羅斯舉行的俄、法、德三國會談。

俄國總統普丁（Vladimir Putin）和德國總理施若德（Gerhard Schroder）也一同出席。

當時法國與英國正在搶奪奧運主辦權，雙方勢均力敵。

然而席哈克竟在休息時間開玩笑地說：「英國對歐洲農業的貢獻只有狂牛症。」逗得另外兩位領導人也拍手大笑。

席哈克這番話大大貶低了英國，而且他還接著說：「食物不好吃的國家，根本就

不能相信，除了芬蘭以外，英國菜是全歐洲最難吃的。」而整個對話過程全都被記者錄了下來。

隔日，法國《解放報》（*Libération*）詳細報導了席哈克的這番言論。

消息一出，英國媒體群起抗議，同時也引起芬蘭人的強烈不滿。

而後英國的《太陽報》（*The Sun*）以「令人作嘔的種族主義者竟嘲笑我們」為標題，呼籲連帶遭到波及的芬蘭，在投票選擇奧運主辦國時，應該發揮兩票的影響力，抵制法國。

當年七月六日，新加坡舉行奧運主辦國的票選，專業相關人士認為，直到最後一刻，法國仍比英國略佔優勢。

但結果揭曉，英國取代法國，不費吹灰之力取得奧運主辦權，而且在票數上，兩國相差不過四票而已。

法國媒體紛紛對席哈克的發言表示譴責，大家都認為，是因為兩名芬蘭委員受到刺激，最後將票投給了英國，才讓局勢產生逆轉。

在這種關鍵時刻，席哈克卻犯下了外交歷史上令人難忘的失誤，害得法國不得不拱手讓出原本即將到手的奧運主辦權。

思考一下

身為一個領導者，什麼樣的話該說、不該說？

- 了解自己的身分，不隨意對他人或對手做出評論。
- 批評、貶低，並嘲笑對手。

09 柏林圍牆倒塌的真實原因，沒有你想得那麼簡單……

一九八九年十一月九日，德國政府發言人君特・夏波夫斯基（Gunter Schabowski），宣讀了當天上午內閣會議中的決定：東德人民現在不需證明（旅行證件或外國親屬關係證明），皆可申請個人出境，許可證將盡快簽發。

另外，管理護照和出境登記的所有人民警察事務部和分局，在辦理簽證和永久離境證件時不得拖延，並且毋須考慮民眾是否符合永久出境條件。在民主德國和聯邦德國邊境，也可以辦理永久離境。

在此之前，東德居民已經進行了好幾個月的示威，要求政府履行旅遊自由化。因此，東德政府發布「旅遊放寬措施」，並設立新的相關規定，而且為了平息爭議，迅速地以發布公告的形式，說明在出境簽證方面沒有限制。記者們馬上拋出提問：「打算從什麼時候開始實施」、「西柏林也適用嗎」、「沒有護照也可以旅行嗎」等等問題。

其實這個措施原本預定隔天才開始實施，然而夏波夫斯基因為剛休完假回來，所以對會議的決定事項不太清楚。

當記者問他何時開始實施時，他遲疑了一下便回答：「就我所知是即時生效。」而對於此措施是否適用於去西柏林的問題，他也支支吾吾，不太確定。

有位義大利安莎通訊社（ANSA）的特派員里卡爾多・艾爾曼（Riccardo Ehrman）立刻與總部聯繫，緊急以「柏林圍牆倒塌了」為標題，刊登出報導，將這個消息傳到全世界。

隨後，《美聯社》（*AP*）、《法新社》（*AFP*）等知名西方通訊社也登出了同一則消息，很快地，西德的電視台馬上播出「東德開放邊境」的新聞。

而東德人民在看了西德電視台的報導之後，群起激動地向邊境聚集。

在如潮水般湧來的群眾氣勢之下，東德檢查站的一位軍官，在晚間十點四十五分打開國境大門。

誰也沒有想到，歷史性的柏林圍牆就這麼被推倒了。

事實上，旅遊放寬措施並沒有什麼特別之處，只是將允許出境的地點，擴大到所有邊境檢查站、縮短護照簽發時間，也就是說，即使不提供說明旅行動機的資料，也可以申請到國外旅行。

然而，卻因為夏波夫斯基的失言、媒體的誤報，而陰錯陽差地引發了劃時代的事件。

夏波夫斯基因此於當年十二月下台，更於一九九〇年初被開除黨籍。

兩德統一之後，他被控殺害許多越過柏林圍牆的東德難民，被判了三年徒刑。而艾爾曼特派員則於二〇〇八年，獲得德國總統頒發的德國最高榮譽聯邦十字勳章。

思考一下

某件事情還未明朗化時，該不該先說出口？

👍 等確認事情真相後，再視當下狀況發言。

👎 馬上四處宣傳此事，引起大家注意。

10

與其挑別人語病，不如好好聽自己說出口的話

「多言多語難免有錯，約束嘴脣才有智慧。」——《舊約聖經》

「與其聽別人嘴裡說的話，不如好好聽自己說出口的話。」——《塔木經》（猶太教聖經）

古今中外皆有許多諺語和格言，教人務必要慎言。

俗語說：「一言抵千金」，有時說錯話，一不小心就可能要人命。就像子貢說的：「一言既出，駟馬難追。」也有相同意義。

回顧歷史，我們可以發現，古代官吏們因為一句話就失去官職、甚至生命的例子

層出不窮，因此更突顯出說話謹慎的重要性，讓我們來看看以下的例子。

唐朝滅亡後，後唐有位宰相名為馮道，他歷經五朝，四十多年間一直居於高位，光是宰相就當了二十年，堪稱是中國官場史上的不倒翁。

在他任職期間，風評相當兩極，有人批評他是沒有氣節的政治家，也有人讚揚他是處世達人。

對於這些批評，他這樣回應：「我不是為皇帝服務，而是為國家服務。」他還留下這首詩，警惕人們注意發言：

口是禍之門，舌是斬身刀。
閉口深藏舌，安身處處牢。

另一位官吏是韓國朝鮮光海君時期的許筠，他經常因輕率的言語和行動招致非議。當時有位愛國僧人四溟大師，特別為他寫了一首詩：

休說人之短與長，非徒無益又招殃。
若能守口如瓶去，此是安身第一方。

四溟大師的意思是，要許筠像蓋上瓶蓋那樣地堵住嘴，就像古代勸善書《明心寶鑑》中，朱熹所說的：「守口如瓶、防意如城。」

另一個例子來自王家衛導演所執導的電影《一代宗師》。主角葉問（梁朝偉飾）曾這麼介紹過自己的妻子（宋慧喬飾）：「妻子話不多。」

當然，也有可能因為宋慧喬是韓國演員，無法消化大量的中文台詞，所以才會這樣設定。

不過葉問在說完前面那句話後，馬上補充說：「因為話語會留下傷痕。」說明妻子是為了避免造成傷害，而刻意保持沉默的。

古希臘政治家狄摩西尼（Demosthenes）說：「雄辯是銀，沉默是金。」不過，像葉問的妻子一樣地沉默，恐怕不是最好的辦法，因為人不可能獨自過一生，無論如何都得與其他人溝通交流。

順暢地交談可以讓我們的生活更便利，就算親如母子，若是彼此間不說話，也無法知道對方的想法，所以還是應該用謹慎小心的態度，好好說出內心的話。

思考一下

慎言很重要，所以說話時應該……？

👍 小心地選擇用語，並視對象發言。

👎 沉默不語，什麼都不說，就不會出錯。

Chapter 2

印象好壞，有99%來自於說出口的話

11 有關生死的玩笑，你絕對開不起

很多人認為「忠言逆耳」是對的，但站在聽者角度來看，這些建言可能只是令人感到刺耳、不悅的話。

忠言一定會逆耳嗎？給予忠告時，如果不能好好傳達，其實也算是一種失言。講話訓練有素的人，一旦失言就會立刻察覺。然而，大多數人在對方沒有生氣的情況下，往往不知道自己失言。

讓我們看看以下的例子。

二〇一四年五月十三日，土耳其西部一處地下煤礦廠發生爆炸事件，有數百名礦工不幸罹難。

土耳其總理艾多根（Recep Tayyip Erdoğan）在事故隔天前往現場勘災，民眾激烈抗議，他的座車甚至遭人丟擲石塊，當時他對抗議群眾中的一名青年說：「事情已經發生了，這一切是神的旨意。」

這位總理的發言被媒體們大肆批評，因為他指此次災難是「神的旨意」，代表他完全沒有站在罹難者及遺屬的角度，理解他們的痛苦，而是將一切推給上天。

韓國也曾發生類似事件，二〇一四年震驚全球的世越號沉船事件中，共有三〇四名師生不幸罹難。

然而，有位趙光作牧師卻說：「窮人家的孩子在慶州畢業旅行就夠了，為什麼要搭船去濟州島？就是因為這樣才會發生事故。」言下之意是指，這群罹難的學生應該為自己搭船負責，消息一經網路傳送出去，立刻引發韓國民眾強烈批評。

《小王子》（*The Little Prince*）的作者安托萬（Antoine-Marie-Roger De Saint-Exupéry），在其另一本著作《風沙星辰》（*Terre des hommes*）中寫道：「每個人都是一個帝國，當一名礦工被煤礦壓倒時，城市的生活就會停止。他的同事會被悲嘆折磨，妻子與孩子更是苦不堪言。在救援他的過程中，可能會有十幾名礦工喪生，他們是為了拯救具有重要性、任何東西都無法取代的帝國。」

這段話意指每個人都是獨一無二的重要存在，即便是社會上最卑微的人，只要倒下，都代表著一個家庭的毀滅，許多人會因此而難過。

生命非常珍貴，所以舉凡輕視之人都會招來公憤，若艾多根總理和趙牧師曾經讀過安托萬的書，或許就不會失言了。

思考一下

當面對有關「生命」的話題時，怎麼說才不會失言？

- 說話時必須謹慎，並且具備同理心，避免二度傷害當事人。
- 用自己的立場隨意指責被害者。

12 統計結果顯示，夫妻間最欠殺的一句話是……

《韓非子》中曾提到龍這種動物。

人們可以在龍溫馴時親近牠，並騎在牠的身上，然而牠的喉嚨下方有著直徑一尺的逆生鱗片，觸摸之人必然會喪命。

君主們也同樣生有逆鱗，如果遊說者不觸犯君主的逆鱗，就可以免於危難、保全自身，因此人們進言時得非常謹慎、小心。

所謂「逆鱗」，就是每個人的罩門，即使面對再好的親人、朋友，也千萬不可輕易觸碰。

專業民調機構 Focus Company，曾針對八百多名年齡三十歲以上的已婚男女，調查他們自另一半口中聽到最受打擊的話，結果如下。

在妻子們聽到最受打擊的話當中，「一天到晚在家到底在幹嘛」和「妳又知道什麼」並列第一。接著是「妳娘家為什麼那樣」、「只有這些菜而已嗎」、「妳為什麼那麼肥」、「孩子到底像誰才這樣」。

其中最傷人的，是丈夫說出「無能」這類貶低自尊的話。

另一方面，丈夫們聽到最受打擊的話包括了「這點薪水要怎麼活」、「隔壁鄰居家的老公一個月賺多少錢」、「你們家的人怎麼那樣」、「如果不是你，我一定會跟法官或檢察官結婚的」、「一個大男人為什麼這麼沒力」、「真不知孩子到底像誰」等等。

除此之外，比起比較性話語，丈夫們普遍認為，妻子抱怨婆家，對他們造成的傷害最大。

而《跳蚤市場求人求職》雜誌也曾針對六百多名上班族，以「上班族的節日與壓力」為主題，進行問卷調查。

調查結果顯示，逢年過節大家最不喜歡聽到的話是「薪水多少、能賺多少錢」，接著是「什麼時候結婚」、「小孩功課好嗎」、「你好像應該減肥了」等等。

由上述例子，我們可以學到，有些話即使在最親密的人面前也不該說，無論是妻子或是丈夫，都應該秉持著互相尊重的理念，與對方進行溝通。尤其夫妻雙方，應該盡量避免在吵架時，將情緒性的話語脫口而出，以防爭執一發不可收拾。

另外，在與親戚們相處時，也要避免探聽他人隱私，因為對方也許有難言之隱或是注重隱私，若是胡亂提問，非常有可能會造成對方的不悅。

思考一下

夫妻雙方在溝通時，怎樣才能拉進彼此的關係？

- 👍 站在對方的角度，用體諒、包容的心溝通。
- 👎 以貶低自尊，或是比較性的話語與對方針鋒相對。

13 連「牛」都不喜歡被比較，何況是人？

韓國朝鮮時期，有位丞相名為黃喜。

有次他走在鄉間，看到一位農夫把黑牛和黃牛栓在一起，便問農夫：「請問這兩頭牛當中，哪一頭比較好？」

農夫把犁耙放下，在黃喜耳邊小聲地說：「黃牛做得比較好。」

黃喜不理解為什麼農夫要小聲地說話，於是農夫解釋道：「就算再怎麼微不足道的禽獸，也不喜歡被拿來比較。」

這個故事被編入韓國教科書中，意義在教導學生，所有動物（包含人類）都希望得到認同與肯定，所以當溝通對象是人時，就更該小心、慎重地說話。

經濟學之父亞當．史密斯（Adam Smith），在大學開授道德哲學課期間，將自己的授課內容整理成《道德情操論》（*The Theory of Moral Sentiments*）一書。

此書中提到：「沒有任何事，比看到他人與我們有共同想法更快樂；相反地，看到別人與我們有不同的意識，會讓我們承受莫大的打擊。」

史密斯認為，道德情感的基礎來自於全人類共有的同感力，他認為所謂的道德標準，是以「同感原理」來判斷人類行為的適當性。

所以只要是違背共識、缺乏關懷的話，就可以視為失言，這也正是人們最常犯的錯誤，如同以下的例子。

有群大學教授一起坐車去旅行。

途中，一位教授說：「我非常喜歡開車，就算很生氣，只要開了車，氣就自然消了。」

坐在隔壁的另一位教授馬上說：「金教授，請不要那麼說，那樣的話，你有可能一輩子都要當司機了。」

這位教授說完馬上就後悔了，因為前面的司機大哥一言不發，車上的空氣瞬間凝結了。但說出口的話覆水難收，大家只能尷尬地在車上面面相覷。

思考一下

怎麼表達，才不會讓對方有被比較的感覺？

- 👍 以關懷、同感去體會對方的感受，並尊重所有人、職業，如此一來可大大降低說出比較性話語的可能。
- 👎 講出比較性的話後，再向對方道歉，請他不要介意。

14 沒人能對死亡做好心理準備

有個上班族分享了一個故事：「十多年前，我的心臟病突然惡化，這讓我感到非常驚慌。手術前一天我與醫生見了面，醫生面無表情地對我說：『如果有什麼意外，可能會死在手術台上，你要做好心理準備。』我雖然明白醫生只是盡他的職責，但當我親耳聽到死亡這個詞時，還是因為無法承受恐懼而雙腿發軟。」

有些專業人員專注於崗位上時，會忘記要設身處地為他人著想，不經意就可能導致失言。雖然有些狀況下無可避免，但說話前若可以多考慮對方心情，換個較委婉的方式說話，可能是比較好的做法。

就如同對被告宣判徒刑的法官，或教導學生的老師，都該盡量不說權威性的言論，以免傷害了對方。

另外一種例子，我們也經常在新聞上看到。

二〇一四年，有位報導世越號事故的主播，在訪問一位幸運生還的女學生時說：「請問妳知道已經有同學不幸死亡了嗎？」於是這位剛獲救的學生情緒崩潰。

這名主播在訪問受難者時，完全沒有考量受訪學生的心情，只是為了獲得收視率，而問出如此沒有同理心的問題，遭到大眾的責難與批評實屬活該。

思考一下

權威性的言論很傷人，所以我們該學會……？

👍 設身處地考慮對方的心情，用字遣詞以真誠、關懷為出發點。

👎 認為自己只是在陳述事實，請當事人收起他的玻璃心。

15 不說不錯？其實「沉默」也算是一種失言

從第十三節中提到的，違背共識就算失言的觀點來看，沉默其實也可以視為一種失言。

有個學生說：「媽媽從來不罵我，但她最近卻常說我是『冷漠無情的人』。」因為他以前對媽媽的問題總是不怎麼回答，媽媽也不以為意。隨著媽媽年齡增長，越來越需要對他說話、抒發心情，但他還是像以前一樣，裝作沒有聽到。

由此看來，這個學生對媽媽說的話一直保持沉默，才是最大的錯誤。

亞當・史密斯曾說：「同感這件事，從最合乎本意的意義來看，並不是針對他人的喜悅，而是針對他人的苦痛，表現出同流意識。」

他還特別提到：「我們希望朋友認同友情的心，不及期望他們對己身憤慨感同身受的一半。」

也就是說，如果你對朋友感到憤慨的事，表現出漠不關心的態度，會讓對方感到失望、無法忍受。

越親密的人越容易讓我們受傷，正是因為我們得不到原本渴望的共鳴或同感，因而產生被背叛的感受。總之期待越大，失落感就會越大。

心理學家尚・皮亞傑（Jean Piaget）對「同感」的定義是：「了解他人的情況、理解對方的心情和感情，並做出適當的反應。」

他認為，四到七歲的幼兒還不懂得從他人的角度去思考、判斷是非，人類要直到八歲以後，才會逐漸形成同感能力。

但也不是所有成人都具備這種能力，即使擁有之人，也不見得可以完全發揮。所以日常生活中我們應該多學習揣摩別人的感情、心情，並做出適當的回覆，才能與他人順暢交流。

思考一下

「不說不錯，所以沉默」是對的嗎？

- 平常應該多用真心與家人、朋友產生共鳴，對他人難過的事感同身受，才能促進情感交流。
- 對他人的心情、話語都當作沒看到，反正不關自己的事。

16 不懂硬裝懂，只會被看破無知

說話習慣帶髒字的人，通常不會意識到那是一種失言，他們反而覺得加入一些髒話才夠有力道。

然而，大多數的人都覺得這樣很輕浮，故容易降低對爆粗口之人的評價。

另外，表面上認同對方的話，心裡卻持另一種看法，因而說出不自然的謊話，這也算是一種失言。

以下是不懂裝懂，說出「無知」之言的例子。

二〇〇八年韓國總統大選前夕，在一場討論會上，孔星鎮議員問總統候選人鄭夢準，知不知道在首爾坐一次公車多少錢？

這位鄭候選人的父親，是韓國財團企業之首現代集團的創辦人——鄭周永，所以他可謂實實在在的富二代。

鄭候選人這樣回答：「這真的是一個很困難的問題，要七十韓元（**約新台幣兩元**）嗎？」

事實上，當時坐一次公車需要付一〇五〇韓元（**約新台幣三十元**），與這位候選人的猜測相差了十五倍之多。

其實或許根本不會有選民期待他知道搭公車需要多少錢，所以他不如老實回答不知道還比較好，而後他也因為此事件，被批評為不知民間疾苦。

除此之外，還有很多失言的例子，是起因於種族、性別、年齡、歧視身心障礙等，但說出這種貶低他人之話的同時，其實也是在貶低自己，就像下面這則例子。

二〇一五年，韓國新國家黨代表金武星，他在參加弱勢家庭慈善活動時，自以為幽默地對一位來自奈及利亞的留學生說：「你的臉跟煤球一樣黑呢。」

當時該名學生雖然一笑置之，但報導播出後，金武星隨即被輿論指責，大眾紛紛批評他有嚴重的種族歧視意味。

事後，金代表在個人臉書上發表道歉文：「原本只想表達親切感，沒想到會造成傷害，在考慮不周的情況下失言，沒有深入考量對方的立場、心情，是錯誤的行為，在此向大家道歉。」

無論是不懂裝懂，或是開一些自以為幽默的玩笑，除了會讓他人受傷，或引來批評外，最嚴重的後果是害自己的評價被大打折扣。

所以下次若是有自己不明白的事情，誠實地說不知道，可能是最好的辦法，也可以避免被他人看破手腳。

除此之外，大家也要特別注意，千萬別拿種族相關議題來開玩笑，因為大部分的人並不會覺得好笑，反而會認為你是個沒有同理心、人權概念的無知之人。

思考一下

想與他人表示友好、親近時，怎麼說話才是對的？

👍 表達真誠的心意，親切地與他人聊天。

👎 用說髒話或開玩笑的方式，跟別人拉近距離。

17 你的舌頭也「滑倒」了嗎？

A與B從國中時期就很要好，所以兩人在大學畢業後決定一起租房子，然而她們卻因為搬家問題而意見分歧。

A覺得花多點錢無妨，只要房間又大又乾淨就可以，住得舒服最重要；B卻認為她們才剛出社會，應該要省錢，房間小一點沒關係。

有天兩人喝了點酒，決定解決這件事，但在討論過程中，A竟然不自覺地對B說：「小氣鬼，妳有沒有請妳男朋友吃過飯？」B當場就負氣離開，兩人的友誼再也回不去了。

英文中以「make a slip of the tongue」（舌頭打滑）來描述失言，意思是說，舌頭本來應該踩剎車的，但卻不小心說出了不該說的話。

日語則用「口が滑る」（嘴巴滑倒）來代表失言，兩個語詞間有異曲同工之妙。

善於演說的美國前總統歐巴馬（Barack Obama），也曾發生過舌頭打滑的失誤。

當時的情況是美國政府要求阿富汗，釋放被囚禁的美國陸軍軍官。歐巴馬在接受電視台訪問時說道：「這個決定是『我的』政府一致同意通過的。」此話一出，馬上有人批評他展現出自己的野心，將美國視為其個人財產。

思考一下

憤怒之下，要如何避免脫口說出傷人的話？

👍 想想上次憤怒之下亂說話的懊悔感，可以有效地預防再度失言。

👎 不管三七二十一，先罵人再說。

18
你給人的印象，有99%來自於說出口的話

韓國知名音樂人柳熙烈曾在演唱會上說：「為了讓我演出時更有動力，請坐在前排的女性把腿都張開。」

此話一出，立刻引起軒然大波，事後他馬上透過公司官網公開道歉，但即使他沒有對在場女性造成實質傷害，也已經讓自己的風評變得很差了。

另一個例子是，二〇一〇年的冬季奧運會中，日本選手淺田真央輸給韓國選手金妍兒，與冠軍擦身而過，遺憾地只拿到銀牌。

四年後，日本民眾都希望淺田可以一雪前恥，但在第一場比賽中，淺田卻表現得不如預期，大家都為她感到擔憂。

日本前首相森喜朗便調侃道：「在重要的關鍵時刻，淺田總是會摔倒」、「團體賽沒必要派淺田出去丟國家的臉」。

然而就在隔天第二場的比賽中，淺田馬上發揮出真正實力，完成生涯中最佳演出、奪得冠軍。

幾天後森喜朗出席活動，得到市民以及選手們憤怒及不齒的噓聲。

他此番發言顯然對淺田造成傷害，但是淺田很有度量地處理這件事，她露出微笑說：「奧運已經結束了，森喜朗先生應該多少會為自己說過的話而感到後悔。」

人們不只會注意別人所說的話與行動，而且會在對話結束之後評論發言者說的話，所以開口前務必多加思考，減少降低自我評價的可能性。

日本「說話方式研究所」的會長福田健如此定義失言：「失言是給對方添麻煩，並損害自己的聲譽。」

就像美國著名思想家愛默生（Ralph Waldo Emerson）所說的：「不管願不願意，我們的每句話，都是在刻畫自己的肖像。」

言。

所以即使不給對方或周圍的人添麻煩，只要害自己的名聲下滑，就算是一種失言。

思考一下

別人對你的印象大部分來自你所說的話，所以我們要……？

👍 謹言慎行，才能增加別人對自己的信賴感。

👎 隨意發言，想到什麼就說什麼。

19

哪種特質的人易陷入「失言輪迴」？

日本副首相麻生太郎，他曾在一場修憲研討會上說：「德國的威瑪憲法，在沒有人發現的情況下被修改成納粹憲法，那我們也學他們的手段如何？」

麻生言下之意，不正是要隱瞞全日本國民、擅自修改憲法嗎？

此話一出，不僅是日本民眾，就連其他國家也大肆批判。

幾天後，麻生解釋道：「那句話與我原本想表達的意思有出入，造成大眾的誤解，我感到很難過，也很抱歉。」但沒人相信他，大家都認為他在狡辯。

這已經不是麻生第一次失言，《朝日新聞》曾為他條列失言紀錄，例如：「連痴呆症患者都知道，日本米在中國賣得比較貴」、「顯然在醫生中，有很多人缺乏社會常識」、「年輕人如果沒錢，還是別結婚比較好」等等。

這位政治人物為什麼會不斷地失言呢？

有專家認為，原因在於他沒有思考過，自己的發言會帶來怎樣的後續影響，所以長時間下來，把隨便亂說話變成了一種習慣。

這種習慣性失言的人，只要處於相似情況時，就會無法克制地說出類似的話，常常會讓周圍的人捏一把冷汗，擔心他們隨時會丟出什麼震撼彈言論。

若想避免失言，可以學著改正不好的說話習慣，同時避開容易造成失言的情況。

思考一下

失言是一種習慣，該怎麼做才能改正這個壞習慣？

👍 每次發言後，認真檢視自己所說的話有無不妥，並努力改進。

👎 失言後向對方道歉，但下次還是重蹈覆轍。

20 政治人物必學！別讓一句話害自己「登出」政壇

政治人物經常需要發表言論，所以會遭到非議的事情，就相對比普通人更多。

例如法國前總統法蘭索瓦·歐蘭德（Francois Hollande），他曾於二〇一三年拜訪日本，當時發生一起阿爾及利亞人質事件，最後造成十名日本人遇害。

當記者們訪問他對這件事的看法時，他說：「我想向中國人民，轉達法國人民的哀悼之情。」

讀者一定覺得奇怪，受害者是日本人，為什麼要莫名其妙地向中國人表達哀悼之情呢？

歐蘭德的這番話，在翻譯人員迅速改成「日本人民」後，有驚無險地掩飾過去。

當時日本與中國正因釣魚台問題對峙中，雙方都很敏感，稍有不慎就可能擴大衝突，不過歐蘭德此次純粹是口誤，並沒有惡意，所以這件事也就這樣落幕了。

除此之外，還有一些失言，可能會讓自己先前的努力，瞬間化為泡影。

二〇一二年美國總統選舉前，共和黨內部如火如荼地進行黨內初選。

當時瑞克．裴利（Rick Perry）對競爭對手米特．羅姆尼（Mitt Romney）的政見提出質疑，在一來一往的對話中，羅姆尼不小心說出：「跟你賭一萬美元（約新台幣三十一萬）怎麼樣？」

這位羅姆尼先生是前密西根州長的兒子，身家財產超過兩億（約新台幣六十二億），所以對他來說，這筆錢根本微不足道。

但這一萬美元卻是愛荷華州居民平均年所得的五分之一，也是美國家庭一年伙食費的三倍，羅姆尼輕易地拿如此龐大的金額來當賭注，因此遭到民眾批評他不懂中產階級的辛苦。

二〇一六年美國總統大選時，候選人希拉蕊（Hillary Clinton）的幕僚馬德琳．歐布萊特（Madeleine Albright），因不甘心年輕女性的票都集中在對手身上，所以在某一次造勢時，她向女性選民呼籲：「如果女性不幫助女性，那妳們就會下地獄。」

此番發言不僅沒有為她們爭取到更多選票，反而失去更多支持者的心，最終導致在選舉中慘敗。

思考一下

發表言論時，常因口吃、緊張而結巴，該怎麼辦？

- 先打好草稿並多練習，若是緊張，可以深呼吸後再發言。
- 用「呃……」、「恩……」來填補說話的空缺。

21 「策略性失言」，通常是為了炒新聞

一九〇九年，美國有一家報社報導加拿大演員佛蘿倫絲・羅倫斯（Florence Lawrence）車禍死亡的消息。

不久後，電影公司登出一篇名為「我們已經揭穿謊言」的廣告，表示羅倫斯死亡的消息毫無根據，是有人刻意誣陷。

而且為了證明她還活著，同時宣布她正在拍攝新電影《The Broken Oath》。

這部電影上映後，大家為了確認她是否真的活著，紛紛跑去觀影，羅倫斯也因此一躍成為當紅電影明星。

其實，車禍的消息是這部電影的製作人卡爾・萊姆勒（Carl Laemmle），為了宣

傳而故意製造出來的，這也是後來經常被提及的炒作新聞鼻祖事件。

公眾人物常為了引起大眾關注，故意用浮誇的言論炒作新聞、激起眾怒，雖然他們深知說錯話會受到嚴重批評，但相比之下，被人們遺忘才是最糟的事。

在這種情況下，失言就是一種計策，因此大眾持續追究、謾罵是毫無意義的，因為媒體的渲染，正好可以幫他們實現計謀。

二〇一六年美國總統大選，候選人川普（Donald John Trump）在黨內初選期間，曾在推特上引用法西斯主義創始人墨索里尼（Benito Mussolini）的話：「與其作為羊活上百年，不如以獅子的身分活一天。」引起民眾一陣譁然。

換作其他平時謹言慎行的候選人，發表這番言論可能會引發強烈抨擊，然而川普卻將這些粗魯的話語作為打選戰的武器。

而他的支持者們也認為，這些辱罵是對現下政治的反撲。

這位狂人發表過許多種族歧視的話，雖然招致黑人與維護種族平等之人的強烈批評，但卻獲得許多中低階層白人的熱烈支持。

川普的胡言亂語成為他贏得選戰的攻略，這就是一種「策略性」失言，所以遇到這樣的情況，大家就毋須浪費時間加以追究。

思考一下

對於大眾人物的「策略性」失言，應該如何看待？

- 不受到媒體影響，應該保持中立立場，並獨立思考、判斷。
- 落入陷阱，與炒作的媒體一同起舞。

Note

/ / /

Chapter 3

學「蔡康永式」的說話：思考要快，講話要慢

22 祝人「呷百二」可能不是句好話

韓國古代有位官員名叫閔大生，他過九十歲生辰那天，子孫們全都前來拜壽。其中有個孩子就說：「祝您活到一百歲。」聽了這話，閔大生不禁勃然大怒。接著下一位來拜壽的晚輩說：「請您活到一百歲，再享受一百歲吧！」閔大生開心地說：「這麼說就對了！」

為什麼閔大生聽到前者的話會大發雷霆呢？

因為對九十歲的他來說，可能會解讀為只能再活十歲，原本好好一句祝福的話，反倒成了詛咒。

我們常聽到老人說：「再活也沒幾年」、「早點去死好了」等等，但這往往不是他們的真心話，身為家人、晚輩，若無法理解背後的涵義，就可能在無意間失言。

換句話說，無論在與誰對話時，都要懂得站在對方的角度思考、體貼他人。

思考一下

祝福高齡長者生日時，怎麼說才不會失禮？

祝爺爺福如東海、壽比南山～

對九十歲的爺爺說：「祝您活到一百歲！」

23 日常生活中，隨時都能實踐「換位思考」

有篇報導曾提到一則故事：有個青年在披薩店打工，某天有組客人訂購了五百九十元的披薩，雙方約好在外送指定地點碰面。

到達目的地後，他看到一位失去雙手的奶奶，緩緩地向他走了過來，由於奶奶身體不大方便，於是他便幫忙把披薩送到奶奶家。

送達後，奶奶要孫子們幫她把錢包拿出來，並對青年說：「五十九元對吧？」

奶奶似乎是把傳單上的價格看錯了，但這名青年看到他們家狀況非常辛苦，所以還是欣然地收下了錢，沒把事情說破。

這個工讀生非常不簡單，他能設身處地理解老奶奶與孫子們期待的心情，並且滿足了他們的願望。

雖然文章中並沒有提到最後誰負擔了差額，但大家都對青年的行為表示感動、讚賞。

我們會對一句話或一件事稱讚或責難，其中的關鍵就是「關懷」程度。

而關懷他人應從共鳴出發，就如同我們最熟悉的一句話：「己所不欲，勿施於人。」

思考一下

如果您是前述的外送員，你會怎麼做呢？

- 像他一樣關懷奶奶、為奶奶設身處地著想。
- 對奶奶說明她看錯價格，無論如何都要收回正確的披薩錢，以免自己要負擔差額。

24 報告老師，我沒爸爸為什麼要做父親節卡片？

當我們與別人對話時，經常會預設對方與自己有相同的想法或處境，但這麼做其實很容易造成失誤，就像下面這個例子。

有位女性在美國《哈芬登郵報》（*The Huffington Post*）投稿了一篇文章如下。

「小時候一到父親節，學校老師總是要求大家親手製作卡片，感謝爸爸這一年來的辛苦付出。

但一直以來都是媽媽獨自撫養我，所以從我懂事以來就沒有見過爸爸，於是我問老師：『我沒有爸爸，卡片應該送給誰呢？』老師叫我改送給外公，但是外公很早就跟外婆離婚，所以我也很久沒見過外公了。

雖然我最後還是做了卡片，卻沒有人可以收下，更讓我感到悲傷，而這件事也從此在我心裡留下陰影，往後的每一個父親節都會不由自主的想起。」

這個故事告訴我們，說話時若只根據自己的想法或感情，隨心所欲地發言，可能會對別人造成傷害，甚至是一輩子的陰影。

妄言可以算是一種暴力，嚴重的話甚至可能遭到處罰。

以下是韓國的一則真實案例。

有名十二歲的B學生，她的爸爸來自加拿大，媽媽則是韓國人。

B不太喜歡泡菜的味道，所以只要營養午餐中有泡菜，她就會挑出來放在一旁。

但她的老師覺得這樣很浪費，而且在老師的認知裡，沒有任何韓國人不喜歡吃泡菜，所以他就對B說：「妳也算是半個韓國人，為什麼不吃泡菜？這樣未來的婆婆不會喜歡妳！」

這名導師為了強迫學生吃泡菜，不僅拿她混血兒的身分開玩笑，還使用威脅性的話語，讓B感到非常害怕、難過。

除此之外，還以B學生打斷上課為由，要求全班同學對她大罵三次「笨蛋」。B因此受到非常嚴重的打擊，事後接受了很久的心理治療才漸漸好轉。而這個惡劣的班導師則因虐待兒童的罪名被起訴，最終被判處罰款三百萬韓元（約新台幣八萬元）。

有人說：「假設是關係的毒物。」說話前，若你心裡已經有預設立場，就會讓自己的內心築起高牆，不僅得不到想要的東西，還會對對方造成傷害，嚴重時可能讓一段關係終結，反而得不償失。

很多時候，只是雙方看待事情的角度不同，沒有誰對誰錯，而是各自有各自的理由。我們必須經常反思、檢視自己的看法，並包容、接納他人的意見，這樣才是互相尊重的有效溝通。

思考一下

說話時，預設對方與自己有相同的立場與處境，容易讓他人不悅，該怎麼改正？

👍 認真聽取對方的想法後，多多體諒，再決定要怎麼回覆。

👎 說服別人，直到對方立場與自己相同才罷休。

25 你是否也常在他人的真心上澆冷水？

日本發生福島大地震後，有許多外地遊客來到福島慰問當地人。他們通常會為了表達關懷，而熱情地購買當地的農產品，或開心地收下當地人送的禮物。

然而有些人還是多少會害怕輻射影響身體健康，所以選擇於回程路上將東西丟棄在休息站內，讓人覺得可惜又浪費。

有個真實例子是這樣的，一個日本人買了年輪蛋糕想送給外國朋友，沒想到那個朋友一接過禮物就笑著說：「這個沒有輻射吧？」

雖然只是小小的、沒有惡意的玩笑，但卻讓送禮之人耿耿於懷，這就是在不經意的情況下所造成的失言，也在他人的真心上澆了一大盆冷水。

除此之外，在道德上有特別的堅持或特別嚴苛的人，應該盡量避免用自己的價值觀或行為標準來評斷他人。

筆者認識一位大學教授，他對食物的品質非常在意，即使有機的蔬菜或穀物價格非常昂貴，他也會購買來吃。

有天，隔壁的大嬸拿了一顆自家種的白菜送給教授，只見他一邊道謝一邊確認道：「這應該沒有灑農藥或肥料吧？」

鄰居大嬸怯生生地回答：「是沒灑農藥，不過肥料倒是有一點。」

還好教授馬上發現自己講錯話，連忙說：「謝謝，我會好好享用的。」但大嬸臉上卻只有苦笑。

人們與宇宙萬物共同生活，所以我們不僅要理解自己，也必須理解與我們相關的人事物。

有些人總是活在別人的嘴巴、意見裡，另一種人則是喜歡拿自己的道德標準，去衡量別人的善惡、評價別人的幸福。

然而世間的善與惡、對與錯，有時錯綜複雜、難以分辨。所以，大家要切記，別用既定的價值觀來思考事物或輕易做判斷，更別以現狀去評價任何人的未來，才是正確的處世之道。

思考一下

習慣用自己的價值觀評斷他人，會讓人感覺刻薄，怎麼做比較好呢？

- 認知每個人的成長背景、想法不同，尊重並傾聽他人的意見。
- 若有人不認同我的價值觀，就批評對方，而且不再與對方往來。

26 脫口而出的失言，會給人留下永遠的傷疤

韓國樂天集團會長辛東彬的母親是日本人，所以他的母語是日文，韓語是直到他三十歲，回到韓國後才學的，所以他一直有個日本口音改不過來，辛會長自己也感到很介意。

某個網路媒體刊出以下這篇報導：

有位新進員工用日文對辛東彬會長說：「請加油。」但他卻以嚴肅的表情回覆他：「你可以用韓文說，沒關係。」顯然對員工刻意的舉動感到尷尬。

讓我們仔細想想，這名員工所說的是鼓勵的話嗎？

筆者認為可能更接近在傷口上灑鹽吧，而且在讀者看來，也會直覺地認為會長的

韓語不好。

所以我們可以從報導中學到，就算說話的人沒有惡意，但只要提起對方自卑的事，就可能在不經意間對他人造成傷害。

另一個例子是，有個上班族K在課堂上分享的親身故事。

她說在她讀小學時，班上有個不成文的規定，若有郊遊活動或戶外教學，就會請一位同學負責準備老師的便當。

有年K自告奮勇要幫忙準備，結果其中一個朋友竟說：「可是妳又沒有媽媽。」

原來K的母親很早就過世了，她與爸爸、奶奶一起生活、長大，不過奶奶就像媽媽一樣疼愛她，而且也已經答應會幫她準備便當，所以同學說那句話的當下，她只有無限的錯愕與難過。

雖然長大後他多少可以明白，當初那句話是小朋友的童言童語，沒什麼惡意。但直到今天，她還是無法忘記當下難受、委屈的感覺。

有些話語稍有不慎，便會重重地壓在別人的心上，也許你不是故意的，但很可能會造成他人的二度受傷，或在對方心裡留下難以抹滅的疤痕。

真正善良的人，不會假借善良之名行語言暴力之實，不會假借關心之名，探究別人的隱私，更不會用自以為是的道德觀，去抹殺別人的價值。

別在他人的傷口上灑鹽，是我們一輩子最重要的課題之一。

思考一下

我們經常在他人自卑之處開玩笑，這會讓對方很難過，更好的做法是？

知道對方在意什麼，就別故意在傷口上灑鹽。

用開玩笑的方式，讓對方不要太過於嚴肅。

27

不真心的安慰，不如就別說了

失言通常不是出於惡意，但有時候充滿誠意地說話，也會不小心對別人造成傷害，就像下面這個常見的例子。

有個國小女生，某天被天外飛來的小石頭砸傷，她的額頭因此流了很多血，被緊急送往醫院，後來因為傷口太大，還縫了幾針才出院。

消息在學校傳開後，不少人打電話向女學生的媽媽表達慰問之意，其中有位家長就說：「幸好沒有傷到眼睛。」

這句話雖然沒有惡意，但聽在女學生的媽媽耳裡，應該不知該如何回覆吧。

而且當時女學生的媽媽正感到憤怒，所以如果想要好好安慰，就應該認同她的憤怒，或詢問對方是否有需要幫助之處，這才是最恰當的幫忙。

另一個例子是，有個人年紀輕輕就得了甲狀腺癌，他向朋友哭訴自己罹患癌症，但朋友卻說：「還好不是胃癌或子宮頸癌，這樣已經很幸運了，況且甲狀腺癌根本就不算是癌症，沒事的，你要多多加油。」

雖然朋友可能是就事論事，但任何人聽到這種安慰，應該都不是滋味吧？就像有時雖然知道對方沒說錯，但就是會讓人心情更差。

以下的例子也可以讓我們自我警惕。

有位大學生運動員參加全國運動會，結果教練直到比賽結束後，才告訴他爺爺過世的消息，他為此感到非常生氣。但教練卻自以為安慰人地說：「你爺爺活了九十歲，算是喜事啊。」

那名學生完全無法認同，因為爺爺是踩空摔下樓梯才去世的，怎能說是喜事呢？

與人相處時，真心非常重要，若只維持表面的真誠，久而久之，對方會漸漸覺得你很虛假，便不願再與你往來。

接著再讓我們看一個不當安慰的例子。有位媽媽因為兒子休學後又復學，但期中考還是不及格，所以感到非常煩惱。

有天她在餐廳裡巧遇高中同學，這個同學聽了她的訴苦後，用全場都聽得到的音量說：「怎麼又不合格，這該怎麼辦啊？」那位媽媽當場無言以對，有種在大庭廣眾下被耍了的感覺，甚至覺得對方很殘忍，所以之後再也沒有跟那位同學聯絡了。

思考一下

別人向你傾訴悲傷之事，你該怎麼安慰他？

- 詢問對方是否需要幫助，用溫暖的擁抱安慰對方。
- 長篇大論說著自己的經驗，告訴對方他沒有這麼慘。

28 有種安慰，反而讓對方更憤怒……

美國哲學家沃爾特斯托夫（Nicholas Wolterstorff），曾在世越號事件發生後對大眾喊話：「別對犧牲者的家人說『別難過了』或『沒關係』，大家應該有能力判斷什麼話不適合說出口。」

這名哲學家會這麼說，是因為他在三十年前的意外事故中失去兒子，從此之後，每當有人問他有幾個孩子時，他都不知道該如何回答，所以為此感到很痛苦，故他非常能體會罹難者家屬的心情。

類似案例還有下一則故事。二〇一六年韓國有個修理月台閘門的年輕人，因事故而不幸死亡，當時政治家安哲秀在他的推特上發表了一篇文章：「看到這個年輕人背包裡掉出的杯麵，更讓人心痛，如果他的經濟再寬裕一點，可能就不會發生這種事了。」

這段文字一經上傳，馬上引起全民反彈，因為安哲秀的言下之意就是，那位年輕人是因為經濟狀況不好，才會去做這麼危險的工作。

但無論如何，都必須有人來做這項工作，所以重點應該是為這個崗位上的人，建立完善的安全措施才對。

因為輿論沸騰，所以安哲秀修改了內容：「以後還是會有人，為了大眾的利益去做危險的工作，所以即使無法做到完美，至少也要為這些人減低危險性，那才是我們所有人都應該努力的事。」

但新的文章馬上又掀起另一番脣槍舌戰，因為大家都認為，讓人們在危險環境中工作，本身就是一件錯誤的事。

發表意見時，最不可或缺的就是「引起共鳴的能力」，若是沒能成功引起對方共鳴，通常代表我們對某件事或某個人物缺乏深入認識，也就是過度以自我為中心，應該修正這樣的行為，才不會引來他人的憤怒。

另一個案例是這樣的。

有名病患因病情加重到醫院就診，他向醫生詢問是否有其他方法可以康復，只見醫生自言自語道：「都這樣了，還能做些什麼呢？」

醫生表達遺憾之情是理所當然，但此話聽在病患耳裡，可能會覺得醫生在潑冷水，自然對醫生感到失望，同時對自己的病情感到絕望。

思考一下

對他人說出「別難過了」、「沒關係啦」，對方並不會因此得到安慰，此時你應該？

- 與其想著說什麼安慰的話，不如陪伴對方、聽他傾訴。
- 對方如果一直難過，乾脆放任他自己哭一場。

29

如何讓人想親近你？關鍵在於「共鳴指數」

日本作家栗良平的短篇小說《一碗陽春麵》令人感動，故事是這樣的……。

某年除夕晚上十點後，客人都走光了，老闆正準備打烊。

此時店門突然輕輕地被拉開，有個女人帶著兩個孩子走進來，孩子們都穿著全新的運動服，但那位媽媽卻穿著一件舊大衣。

女客人小心翼翼地說：「我可以只點一碗陽春麵嗎？」

老闆熱情地回答：「當然可以，請坐。」

老闆娘怕他們吃不飽，偷偷地在丈夫耳朵旁說：「煮三碗給他們吃好不好？」

老闆回答：「這樣他們會不好意思的。」

但他一邊說，一邊又多丟了半團麵到滾燙的鍋子裡。熱騰騰的麵端上桌後，母子三人就這樣圍著一大碗陽春麵吃得津津有味，老闆夫妻兩人也感到非常滿足。

透過這個暖心的小故事，我們可以學到，多站在別人的立場思考，久而久之，這個社會將因為我們一個小動作而變得更加美善。

美國的心理學家卡爾．羅哲斯（Carl Rogers）認為，共鳴是「進入對方的個人知覺世界，分享對方的經驗。」

他還深入地將共鳴分為「表面共鳴」及「深層共鳴」。

表面共鳴就像在百貨公司的顧客服務中心裡，客服人員對抱怨的顧客說：「很抱歉讓您感到不愉快。」

這是從業務角度的應對，屬於禮節性共鳴，無法在雙方關係上做出有意義的改變。

而深層共鳴是指，我們針對對方想被認同的事情，調整自我頻率並與他人有所對應。

舉例來說，大多數人可能會恭喜拿到銀牌的人，可是對當事人來說，比起恭賀，得到他人的安慰更加重要。

我們會想尋求相互了解，都是出自於保護自己的本能。我們借助與對方的共鳴來強壯自己的心，在不安的時候，藉由得到他人的共鳴來獲得自信，然後繼續活下去。所以我們的發言、行動都是在追求互相有所呼應。就如同亞當·史密斯說：「共鳴可以創造社會。」若想居住在和諧的社會中，就必須努力提高彼此的共鳴指數。

思考一下

想與他人進行深度共鳴很困難，怎麼做比較好？

- 👍 學習正確理解對方所期望的反應，並與他呼應。
- 👎 叫對方不要想太多、放寬心。

30 總是用自己的標準稱讚別人，難怪對方不領情

有個上班族某天在炸雞店偶遇朋友。

他抱著稱讚對方的心意說：「平常無酒不歡的人，今天怎麼不喝酒了？」

結果那人一聽勃然大怒，立刻起身離開，讓他感到不知所措。

後來他們再見面，雙方把話講開後，對方才說：「我以為你是暗諷我經常喝得不省人事。」

可見，我們若用自己的標準稱讚或恭維別人，對方可能也不會感到開心。

如果讚美得當，那是一種美德；讚美不得當，就有奉承之嫌疑，因此掌握讚美的尺度很重要。

以下是讚美他人的五大重點：第一，用詞切勿浮誇；第二，避免使用相同套路；第三，慎重選擇稱讚的角度；第四，別衝撞了對方的忌諱；第五，不要違背自己的心意。

在稱讚這門藝術上拿捏准分寸、掌握好尺度，對人際關係將有很大的助益。

思考一下

若你感覺被他人冒犯，你要怎麼回應？

- 當下直接詢問對方的意思，解開彼此的誤會，或直接向對方反映你的不舒服。
- 懷恨在心，而且從此不再與對方來往。

31

虎父無犬子 vs. 有其父必有其子

有位家長問孩子，長大後想做什麼工作，孩子說：「我想去美國賣飯捲。」

想必父母們聽到這個回答，一定會有各種反對理由，但其實說再多也沒有意義，因為孩子的想法經常在改變，所以毋須太嚴肅看待。

能言善辯是一種能力，但真正能打動人的只有真誠之心，而共鳴正是源自於此。

我在課堂上曾聽過一個實際例子。

某個聚會中，有個人悲傷地說：「我妹妹雖然已經五十歲了，但因為長得很漂亮，所以很多人都以為她只有三十幾歲。最近她被醫生診斷為癌症末期，只剩三個月了，大家真的要好好照顧身體。」

在場一陣靜默後，有人開口說：「紅顏薄命果然是真的啊。」瞬間，周圍的氣氛冷了下來，大家都不知道該說什麼。

另一個例子是，大家經常用「虎父無犬子」來說明：父母優秀，孩子通常也很出色。

但筆者認為，照字面上的意思解釋就是：「爸爸是老虎，兒子沒道理是隻狗。」這句話聽起來多少會讓人尷尬，所以不如說：「有其父必有其子」，較為適當。

思考一下

有時想說出溫暖的話，卻選錯用字遣詞，反而讓對方生氣，該怎麼辦？

👍 在話說出口前，再三確認用詞是否適當，若是不太確定，就換個較中立和緩的語詞。

👎 說出口的話就像潑出去的水，若讓對方不爽，再道歉就好。

32 你以為「假裝」謙虛不會被發現？對方根本看在眼裡，瞧在心裡！

有天學員J對我說：「我姐姐讀高三時突然變得很奇怪，不只翹課，幾乎快要輟學了，後來進了一間不怎麼樣的學校。」

J口中那間不怎樣的學校，雖然是私立，但風評不錯，是很多人的第一志願。

試想，若在場有人正好是那所大學畢業的，聽到後會有怎樣的感受呢？又或者，非常努力卻還是上不了那所大學的人，會怎麼想呢？

他們可能會覺得，自己是從不怎麼樣的大學出來的人，或是連不怎麼樣的大學都進不了的人吧，但無論是哪一個似乎都不太好。

接下來的例子大家一定很熟悉。

有次在聚會上，有個人說：「我因為功課不好，所以只好去唸××大學。」說這種話的人通常是想表達自己的謙虛，雖然沒有不好，但可能會連帶地貶低同一間大學或在場的其他人，讓人陷入尷尬或不悅。

下一個例子就是謙虛過頭，惹人討厭的最佳實例。

一位大企業的主管K，是○○大學出身的，雖稱不上名門大學，但也算是一所有特色的學校。

他經常在公共場合或私底下說：「雖然我出身自不太好的○○大學……。」每次聽到這句話，同一間大學的員工都會無言地低下頭。

而且每次聚餐上，只要輪到他帶領大家乾杯時，他都會說：「雖然身處在三流公司，但是我們還是要做一流的員工。」

然而幾乎沒有人跟著他喊，因為這並不是謙虛的表現，而是一種貶抑或譏諷。

日常生活中有許多想表達謙虛，卻反成了貶低他人的失言事例，例如：「我們家不過才四十五坪而已」、「我的薪水不到十萬元」這類的話，會隨著聽者處境的不同，對他人造成不同程度的傷害。

如何怎樣掌握稱讚的分寸呢？筆者認為，真誠是第一標準。如果有真誠之心，它會促使你持續學習、進步，所以「自我感覺良好」的人往往不能進步。

在東方教育中，大人總是要我們謙虛，謙虛是美德，但仍必須掌握尺度。總之，過分的謙虛一定會被他人視為虛偽，對個人評價有害。

思考一下

想表達謙虛，卻經常讓別人「中槍」，怎麼做比較好？

👍 適度表達謙虛很好，但要是太過頭，反而顯得虛偽。

👎 不管別人的看法，反正人人都說要謙虛，就謙虛到底。

33 常常誤判局勢？絕對是因為這點沒處理好……

有個周末，我的朋友穿了輕便的連身裙搭火車。

上車後，有個高中生站起來讓位給她，原來那個男孩以為她是孕婦。

事實上，她那幾個月體重增加不少，看起來的確肉肉的，所以她也只能苦笑著推辭，並謝謝對方的好意。

我也曾在百貨公司問一個肚子鼓鼓的店員：「什麼時候生啊？」結果她不好意思地回答我：「妳誤會了，我沒有懷孕，只是最近肚子總是脹脹的。」

雖然我馬上向她道歉，但是說出口的話已經覆水難收了。雖然店員笑著說沒關係，但心情想必不太好，真是令人尷尬。

另一種情況也經常發生，有兩位年紀分別約五十歲與三十歲的女性，一起去賣場消費。店員上前問候說：「您跟女兒一起來嗎？」說完那個年輕女性就笑了，另一位女性則開口說：「我看起來有這麼老嗎？」

後來店員才知道她們是姊妹，只是年齡差距比較大。

由上述可知，有時想表達親切，卻沒正確判斷情況，可能會造成場面尷尬。

思考一下

隨意認為他人是孕婦，會讓人相當尷尬，怎麼做比較好？

👍 對方如果沒有說出口，就不要隨便判斷對方是孕婦，或做出讓位等事。

👎 直接開口詢問對方是不是孕婦。

34 思考再快，講則慢

法王路易十六的皇后瑪麗．安托瓦內特（Marie Antoinette），曾對飢餓乞食的民眾說：「沒有麵包吃，為什麼不吃蛋糕呢？」

這是腐敗統治者妄言的代表，因為她根本不懂百姓疾苦，這席話等於是在憤怒的百姓心中火上澆油，同時也顯現出自己的無知。

可見，總是以自己的標準評斷事情，會對對方造成傷害，接下來這個故事，可以再次提醒我們慎重說話有多重要。

有個女高中生每周從不缺席地去教堂做禮拜，但每次總是會遲到三十分鐘。

有次，忍無可忍的教會老師訓斥她：「如果每次都要遲到，那妳應該重新思考要不要來教會。」

這個女學生因為老師的話感到很難過，因為從她家到教會，需要坐一個小時以上的公車。

而且她的父母並不認同這件事，所以她為了能上教會，出門前都必須先洗衣服、洗碗，才不會被父母責罵，但教會老師不知道事情背後的因素就隨便罵人，讓她非常心寒。

眼見未必為憑，在沒有弄清事實真相的基礎上，千萬不可隨便發表言論。

思考一下

如果對方做出讓你無法認同的事，你該怎麼指正他？

- 詢問原因，如果對方有困難或難言之隱，就學著體諒對方。
- 直接怒罵對方，直到自己氣消為止。

35 真正成熟的人，不會對他人品頭論足

有個女大學生在課堂上分享了自身經驗。

有次，她與隔壁班同學大吵一架，因為過程中對方完全不聽她解釋，所以她生氣地罵了一句口頭禪「肥豬」，這句話並沒有針對誰，只是她習慣的發洩方式而已。正好現場有個比較圓潤的同學，認為女大學生是針對她，所以大哭了一場。事後，女大學生向她道歉，並為此感到很愧疚。

有些人喜歡以他人的外貌來取綽號，但要特別注意，只要對方不喜歡，就可以算是一種言語暴力。

例如犬齒比較突出的人，可能會被叫做吸血鬼，或是比較豐腴的人，可能被稱為

胖虎。不管是不是開玩笑，可以想像當事人聽了一定會感到不悅。

現代人動不動就以外貌評斷別人。但其實在許多國家，例如芬蘭，大家都知道，評論他人的外貌是件非常不禮貌的事，所以會刻意避免此類行為，懂得這個道理的人，才算是真正成熟的人。

思考一下

對別人品頭論足的人相當幼稚，我們應該學習……？

👍 不評論他人外表，認真去感受對方的內涵。

👎 如果當事人沒表達不悅，就繼續用他人外表替別人取綽號。

36 這件事，讓人畏懼年節倒胃口

大家應該都有類似的經驗，逢年過節總是會被親戚「身家調查」，例如：「幾歲了」、「結婚了嗎」、「有對象嗎」、「薪水多少」等等。

但近期有越來越多人意識到，隨意打探他人私生活是不禮貌的，所以會從自身開始，盡量避免這種行為。

除此之外，每個人不想被干涉的領域都不同。

有位音樂評論家曾說，音樂人之間有個不成文的規定，那就是他們不會去問對方最近過得如何，因為想光靠音樂養活自己，其實非常困難，所以大部分的人都必須兼職，才能勉強維持生計。

另一個例子是，有次學員L在路上遇到一位很久沒見的小學同學，但對方開口就問他年薪多少，讓他覺得很荒唐，從此之後，他就不再與那人聯絡了。

在此，筆者教大家四個方法破解他人打探隱私。第一，直接把話題還給對方，例如：「你為什麼這麼問」、「怎麼了嗎」；第二，轉移話題，例如提到薪水，就將話題轉到所得稅上，如此既可避免尷尬，又可往新的話題發展；第三，直接正面拒絕回答，告訴對方你不想談這個，保證他下次絕不再白目踩線；第四，假裝沒聽到，這個方式雖然消極，可是也相當有用，大家不妨試用看看。

思考一下

與朋友見面用「結婚了嗎」、「年薪多少」開頭，只會讓別人不爽，怎麼說比較好？

👍 在言談中避免打探別人的私生活，才是正確做法。

👎 先說出自己結婚了沒、年薪多少，強迫別人跟自己交換情報。

37 保密防洩漏，人人有責

大部分的人都有不想被別人知道的祕密，而且在今日的社會倫理與法律上，也都承認隱私權的存在。

美國大法官湯瑪士．庫力（Thomas Cooley）亦稱此為「不受干擾的權利」。

在電影《為愛朗讀》（*The reader*）中有句發人深省的話：「如果你知道一個能改變你所愛之人命運的祕密，你會幫她保密嗎？」

這部電影中描述到，有位女子不識字，所以每次都要戀人唸書給她聽。但某天這位女子卻突然消失了。

八年後，她的戀人成為一位年輕有為的律師。

想不到兩人竟在法庭上再次相見，原來這個女子因為被夥伴們陷害，因此遭到判刑。

其實只要戀人為她作證她不識字，就可以減輕刑責，但是這位律師卻什麼也沒說，因為他知道，在前女友心中，不識字比被判無期徒刑還可恥。

若是有人告訴你他的祕密，你就必須為對方保守祕密。要知道，就算你只是開玩笑地說：「你再這樣，我就把祕密全都說出來。」也可能會對對方造成傷害，或是讓他從此不再信任你。

思考一下

別人與你分享祕密，你會……？

- 為對方死守祕密，若是沒獲得對方同意，就閉口不言。
- 「零時差」地告訴其他朋友，與朋友一起討論他的祕密。

38 說出「你本來就……」的人，絕對是故意的

在溝通中，說話內容雖然很重要，但語氣更是關鍵。只要語氣對了再搭配上動作、表情等方式，就可綜合傳達出正確訊息。

我們應該時常檢視自己說話的語氣，否則很容易導致失言，尤其是帶有否定、消極意味的話，一不小心就會被對方察覺，導致自己被討厭。所以有時與其費盡唇舌，不如乾脆沉默不語。

以下例子相信大家都很熟悉。

有兩個很要好的大學生決定一起去郊遊，其中一人提早到達車站，結果另一人遲遲未到，而且手機也沒接。

直到過了半小時後，遲到的人才匆匆趕來，並向對方道歉：「真不好意思，我錯過公車，而且手機也忘在家裡。」

但早到的那個人竟然回答：「反正你本來就不準時。」整個氣氛瞬間冷了下來，而遲到之人原本愧疚的心也瞬間惱火了。

「你本來就……」這句話有對對方極度失望的意思，意味著自己對他沒有任何期待。若不想與朋友斷絕關係，建議大家應該盡量避免這種表達方式。

思考一下

「你本來就……」這句話有極度失望的意思，如果換個說法比較好，該怎麼表達？

「如果你下次可以……，一定會更好。」用這種方式比較不會讓當事者受傷。

反正犯錯的是對方，所以說出這句話也不算太過分。

39 給予他人鼓勵與支持，又不會少塊肉！

通常我們指正他人，是希望協助對方改正錯誤，但千萬別忘了分寸。

有個男職員M有位心思較敏感的朋友，這個朋友對便利商店裡的女店員有好感，所以常常拜託M去幫忙要電話，他卻總是潑冷水地說：「那個女生一定不會把電話告訴你，你別肖想了。」

有次他們一起去便利商店，正當朋友準備向女店員搭話時，他強烈地阻止了朋友。之後那個朋友再也不與他聯繫，因為那正是朋友需要鼓勵與支持的時刻，但他卻給予相反的反應，讓對方非常心寒。

據說「鼓勵」（encouragement）的英文，原本出自於拉丁文的「心臟」

（cor），意思就是將自己的暖意分享出去，溫暖別人的心臟。

領導力大師約翰．麥斯威爾（John Maxwell）也曾說：「人的心靈本來就細膩、敏感，只有突顯鼓勵，才能防止令人疲憊的扭曲。」

適時的鼓勵與支持，可以讓因痛苦和沉重生活負擔而感到疲憊的人，再次站起來，重新抓住曾經放棄的希望。

思考一下

朋友向你說出自己最近有興趣的事，你該怎麼回應他？

- 👍 給予鼓勵與支持，讓他更有信心。
- 👎 潑他冷水，叫他不要太過樂觀。

Chapter 4

有話要直說可以，但你記得「帶點甜」！

40 讓人好感度驟降，往往是因為無心舉動

顯露出無知，不會給對方帶來痛苦，但會降低他人對自己的評價。

二〇一六年五月，韓國女子偶像團體AOA的成員雪炫及智珉，一同上某個綜藝節目，參加看照片猜人名的遊戲，但兩人一直猜不出韓國有名的國家獨立運動代表人物❶安重根。

於是工作人員給了提示「伊藤博文」，只見智珉遲疑了一下，笑著說出：「是❷金斗漢嗎？」

節目播出後，雖然有部分觀眾對藝人無法接受完整教育感到惋惜，但多數人都給予強烈的批評。雖然兩人事後誠心地道歉，但還是引起了不小的風波。

此外，在網路時代，比起說話，更要注意在文字訊息上的表現，像是把「應該」寫成「因該」、把「再一次」寫成「在一次」，都容易讓別人對自己的好感度驟降。

思考一下

說出無知的言論，會降低別人對你的評價，你應該……？

👍 平時多閱讀書籍、增加知識，以免別人提出問題時無法回覆。

👎 等待他人指正，如果沒人指正就隨便亂說。

❶ 安重根最著名的事蹟，就是擊斃日本首任朝鮮統監伊藤博文，因而被韓國稱為「民族英雄」。

❷ 南韓知名暴力組織的團員。

41 如果無法深思熟慮，最好別開口

以下的故事來自我課堂裡的學生H。

H與朋友們一起組了個樂團，由於他本身對音樂很熱衷，所以只要有活動，他從不缺席，但是有個朋友卻經常無故不來。

有次那個朋友又沒來，H就開玩笑地對其他人說：「我們乾脆把他除名算了。」但講完的當下，現場就像結冰一樣尷尬，讓他頓時感到非常後悔。

每個人都有自己忌諱的話，如果我們明知道有些話不該說出口，還無法自我克制，容易讓氣氛變得很差。

下個例子來自於日本參議員鉢呂吉雄，他在視察福島大地震中災情最嚴重的第一核電廠後，在記者會上發表感想：「我感到非常遺憾，因為核電廠的周遭一個人都沒有，就好像一座死城。」

雖然當地因為輻射問題而被列為危險區域，故附近幾乎沒有人居住，但用「死城」來比喻非常不恰當，也會讓災民們受到二度傷害。

這已經不是這位參議員第一次失言，所以不久後他就黯然下台，長年的政治生涯就因為幾句沒經過深思熟慮的話而葬送了。

思考一下

總是無法克制自己不要失言，該如何是好？

- 如果經常失言，就盡量減少發言，或者盡量避開可能會讓你失言的場合。
- 閉口不言，無論別人問了什麼，都以沉默帶過。

42 誰說白人女孩不能玩黑人玩偶？

接下來這則真實故事，值得讓我們深思種族議題。

有名白人婦女布蘭蒂（Brandi Benner），帶著兩歲的女兒蘇菲亞（Sophia Benner）到超市買娃娃。

蘇菲亞選了很久，最後挑中了一個穿醫師袍的黑人洋娃娃。

就在結帳時，收銀員瞪大了眼睛，對蘇菲亞說：「妳真的想買這個娃娃嗎？它跟妳一點都不像。」

蘇菲亞回答：「不會啊，它跟我長得一樣。」

美國CNN將這則新聞報導後，引起一波種族論戰。

意見大致分成兩種，部分美國白人不覺得收銀員失言，但多數人都批評收銀員的提問有嚴重的種族歧視意味。

其實在結帳當下，布蘭蒂就馬上對收銀員表達抗議，她表示不想讓女兒聽到這種種族歧視的言論，請對方將話收回。

但讓人驚訝的是，小蘇菲亞這麼回答收銀員：「這個娃娃跟我長得一樣，它是一名醫生，我以後也要當一名醫生。我是一個漂亮的女孩，它也擁有同樣漂亮的頭髮和聽診器。」

可見，在小朋友的眼裡，種族之間並沒有差異，他們懂得人人生而平等的道理，這才是正確的觀念。

另一個例子來自韓國某個女子團體的成員，她有次在介紹一位歌手時問對方：「像黑人很有意思吧？」那位歌手瞬間啞口無言，只能以尷尬的笑容回覆。

而另一位女歌手也曾說過，自己的護照上的相片像越南女子，所以不敢拿給別人看。

這兩個例子中分別貶低了黑人與越南人，故引發眾怒，大家紛紛要求他們道歉。

上述發言就像惡意的玩笑話，近年來，隨著國際化及人權意識的增強，類似的輕率用語更容易受到大眾批判，所以讀者提到此類議題時，務必保持公平、中立的態度，以免在無意中失言。

思考一下

如何避免自己說出種族歧視的話？

👍 要在心中認同人生而平等的理念，才可以徹底避免在這類話題失言。

👎 在每次講到這類話題時，用玩笑話模糊焦點。

43

偏見比愚蠢更丟臉，還不快拿下有色眼鏡

二〇一七年三月十日，美國政治分析家羅伯特・凱利（Robert Kelly）教授，在家中接受英國ＢＢＣ電視台的視訊採訪。

鏡頭前，羅伯特一臉嚴肅地坐在書房裡回答主持人的問題，但採訪開始沒多久，他四歲的女兒就跑到鏡頭裡搖頭晃腦，接著八個月大的小兒子也爬進了房間，兩人在爸爸身後玩耍。

而在鏡頭外，有位東方面孔的女子一發現孩子們跑進房間搗蛋，就急忙衝進房裡將小孩都帶出去，但整個過程已經透過網路即時地流傳到全世界，讓許多人會心一笑。

一開始很多網友都覺得孩子很可愛、畫面很逗趣，也有人留下：「保母嚇壞了」等評論。

但後來經過證實，網友口中的保母其實正是教授的韓裔妻子金貞雅，此消息一出，引起網路一片爭論。

為什麼大家會先入為主地認為，洋人家中出現的東方女子就一定是保母呢？

後來他們一家人接受採訪時，妻子表示，自從她嫁到美國後，曾受到各種種族歧視的對待，所以她希望大家不要因為種族不同，而抱著成見看待、對待他人。

研究顯示，人類的大腦會在整理資訊時，自動丟棄不重要的訊息，並將類似的資訊集結在一起，形成對別人的成見，所以由上可知，成見就是為了迅速判斷，所做出的反射動作。

然而這樣的行為或言論會讓他人難受，所以我們應該努力學會放下偏見，尊重他人。

思考一下

總是對他人有成見，進而說出傷人的話，該怎麼辦？

👍 在還沒與人相處之前，不要隨意做出評價。

👎 認為對方一定就是你想的那樣，對任何事情都以自己的想法下定論。

44 拒當「人權白痴」，就不會說出歧視言論

二〇一〇年三月，時任韓國國防部長的金泰榮，前往濟州島與當地村民們進行座談會。

他在過程中說道：「非洲只有叢林和大自然，所以沒有人把那裡稱為旅遊勝地，那邊只有一群無知的黑人跑來跑去而已。」這段發言引發民眾強烈抨擊，譴責他歧視非洲人。

美國倫理學家約翰．羅爾斯（John Rawls）曾說：「想要維護人權，就必須對人權有所意識，並具備判斷力。」大家都應該明白，人權是最崇高價值的道理，並付出實際作為，以耐心和決心誓死維護人權。

而其中最重要的，就是要了解自己的行為會對他人的福利造成什麼影響，並意識到自己有解決問題的責任。

人權意識感受比較低的人，很難發現自已侵犯到他人的人權，因此容易講出貶低他人的言論，也降低自己在他人眼中的評價。

《世界人權宣言》中明文規定：「法律之前人人平等，並有權享受法律的平等保護，不受任何歧視。人人有權享受平等保護，以免受違反本宣言的任何歧視行為，以及煽動這種歧視的任何行為之害。」重視人權必須從自身落實，期許讀者未來也能成為捍衛人權的一份子。

思考一下

人權意識較低的人，很容易說出污辱別人的話，應如何改善？

👍 必須意識到人權的重要性，並提高自身對這類議題的判斷力。

👎 講到人權議題時，以自我主張批評其他人。

45 自以為是的幽默，其實最傷人

韓國演員任恩敬的父母皆是聽障人士，所以她從小就有一種自卑感。

小時候她曾與朋友大吵一架，朋友回家打小報告，於是他的媽媽便跑來大罵任恩敬，並說：「因為妳父母都是殘廢，所以妳才這樣是吧？」讓她感到既委屈又難過。

雖然事隔多年，她已釋懷許多，但這句話的傷痕依然留在她心裡，揮之不去。

另一個故事是這樣的。有位長官出席一場活動，因為坐得太久導致腳麻，所以便一跛一跛地走上講台，他一開口便向觀眾道歉：「各位，真是對不起，剛才像殘障人士一樣走上來。」

現場觀眾大多沒什麼反應，但場合裡也有殘障人士，可想而知他們聽了一定會感到不愉快、不舒服。

這個長官的比喻非常不適當，就是因為他心裡有歧視的想法，所以才會表現在言語上，因此若想根治這個問題，我們就應該改變自己內心的想法及講話的習慣。

例如以前我們會稱有視覺、聽覺障礙的人為盲人、聾子，現在應該改為視障者、聽障者，而舊時稱啞巴，現在也應改以聾啞人士來稱呼。因為缺乏人權意識的失言，最容易受到指責，所以大家一定要特別小心。

思考一下

我們應該要尊重身心障礙者，所以平時應該怎麼稱呼他們？

保持一顆友愛之心，並以「視障者」、「聽障者」取代舊有貶意語詞。

以「智障」、「瞎子」這類不禮貌的語詞稱呼他們。

46 以自我為中心，只會把身邊的人推得更遠

第七十四屆金球獎頒獎典禮上，英國演員湯姆．希德斯頓（Tom Hiddleston）以《夜班經理》（*The Night Manager*）一劇奪得電視類最佳男主角獎。

他在發表感言時說道：「不久前我去了南蘇丹，那裡的無國界醫護人員告訴我，他們也看《夜班經理》。能為在滿目瘡痍之地服務的人帶來一點娛樂，讓我感到相當驕傲。」

這段發言引起不小的反彈，因為他用「滿目瘡痍之地」形容南蘇丹，並將自己塑造成救世主的形象，網友們紛紛砲轟這句話充滿了白人至上主義，後來在各種批評聲浪與質問之下，希德斯頓為他的得獎感言，向大眾表達了歉意。

人們說話時會不自覺地以自我為中心，就像日本復興大臣今村雅弘在某場活動中，提到有關日本大地震的事時，他這麼說：「大地震發生在東北地區真是太好了，如果靠近東京，一定會造成更大的損失。」

但災區附近的相馬市市長馬上指責他：「這番話是褻瀆了在地震中不幸喪生的兩萬條生命，對在福島事故中的受災戶來說，是非常不恰當的發言。」

今村雅弘後來也因此事向首相提交辭呈，黯然下台。

思考一下

如何避免說出以自我為中心的言論？

- 說話前先換位思考，以對方的角度看世界。
- 無論如何都以自己的看法為主，不在意別人的眼光。

47 蔡依林結不結婚到底關你屁事？

韓國演員李英真有次參與綜藝節目演出，當天的主題是戀愛與結婚。主持人問她：「妳不覺得談戀愛很重要嗎？因為人到了一定年紀，都必須結婚。」她回答：「我沒有結婚的打算。」

而另一位來賓朴明秀說：「好好的一個人為什麼不結婚呢？」李英真也緊接著反駁道：「不結婚並不代表這個人不好啊！」

近年來晚婚成為一種趨勢，不結婚的人也漸漸增加，但筆者認為結不結婚是個人選擇，若非當事者，實在不該妄加評論，況且單身自由自在，也是種不錯的選擇。

以下的例子也相當常見，是以偏見來批評對方的例子：「大男人戴什麼耳環」、

「花了那麼多錢唸大學，為什麼還找不到工作」、「阿貓阿狗都可以考過的考試，為什麼只有你不及格」等等。

時代進步的過程中，有許多觀念漸漸與從前不同，例如大家越來越不想生小孩、女生穿著男性化的衣服，或是男同性戀者在街上牽手等等。

然而筆者認為，越是如此，大家越需要以友善、包容、尊重的態度，來面對這樣的轉變。如此一來才能藉著調節彼此間的差異，取得雙方的平衡、減少衝突。

思考一下

近年來，大家對結婚這件事相當敏感，當我們詢問別人時，比較有禮貌的方法是？

👍 盡量避免先入為主，以正面的角度與對方討論。

👎 用舊時的觀念，強迫他人接受你的意見。

48 「吃軟飯的」、「台女不意外」，性別歧視者別再自嗨了

近年來，全球都在提倡性別平等的觀念。然而，還是有很多人無法拋棄舊有的想法，就像下面這幾個例子。

有一所神學院的某位會長，在談到女牧師的問題時堅決地說：「女人包著尿布，怎麼能踏上如此神聖之地呢？」他以尿布一詞不當地形容女性生理用品。

此話一出，學生會與女學生們群起抗議，聯合要求會長對外公開道歉，而女性宗教團體與社會輿論，則指責這位會長是「沒有常識的性暴力發言」。

另外還有某個企業代表，在女子大學演講時說道：「女性的社會化不足，常常講一點什麼就哭，甚至還會打電話向媽媽哭訴。」

也有人說：「我不喜歡招聘女性員工，因為如果時間太晚，她們通常不會接電話，所以無法處理工作上的問題。」上述的發言都是只抓住一個理由，便一股腦地批評所有女性，所以受到大肆抨擊其實並不令人意外。

雖然上述皆為歧視女性的舉例，但其實社會上歧視男性的狀況也不在少數。例如從出生開始，男人的行為便不斷受到社會外界規範，只要表現得稍微女性化一點，就會被長輩喝止，甚至被同儕取笑「娘娘腔」、「沒種」等等。

無論男女都有可能遇到性別歧視的狀況，所以請大家切記：「尊重」是開啟性別平等大門的一把鑰匙，消除性別歧視、尊重多元差異，才能共創和諧的社會。

思考一下

我們無法避免社會上的偏見言論，此時如何應對比較得體？

- 用沉穩冷靜的方式向對方解釋，盡量不與對方起爭議。
- 據理力爭，就是要辯到對方道歉。

49 女醫生、男護士很普遍，所有職業都不該分性別

韓國演員李美妍曾說：「為什麼大眾對男性演員不會以男演員來稱呼，對女性演員卻常特別強調為『女演員』呢？我對這點不太認同。」她認為「女演員」這個詞多少帶了一點歧視的意味。

另一個例子是，某次在韓國電影首映會上，演員柳承龍這樣形容另一位演員裴秀智：「因為秀智很會撒嬌，所以她僅僅是出現在片場都讓人感到幸福。」這段發言引起網友們的爭議，因為不免讓人聯想到其有父權主義或男性至上的意味。

大家平時不會特別對男性貼上標籤，但對女性工作者卻會特別強調，例如：女法官、女教授、女醫師、女機師等等。

若有個謎題這樣寫道：一個醫生和少年在釣魚。那位少年是醫生的兒子，但醫生不是少年的父親，請問醫生是少年的誰？

答案是母親。如果不能馬上回答的人，或許就是深陷在醫師都是男性的故有觀念吧！

韓國詩人金宣佑曾寫道：❸「職業的世界裡，不應該分年齡和外貌。在藝術界裡，經常會替女性藝術家冠上『女』字，一般人不覺得怎麼樣，但這令我感到不舒服。我認為不管是女性還是男性，藝術家就只是藝術家。」這位詩人為上述的內容做了最好的結論。

男女先天上有生理的差異，這是不可否認的事實。然而生理差異並不代表兩性的能力、工作表現會有所差別，有些女生力氣比男生大，也有很多男生心思比女生細

❸資料來源：《韓民族日報》，二〇〇五年一月二十六日。

膩。人為刻意的性別歧視、不公平的對待，只會使兩性之間產生不信任的裂縫。

法律早已明文保障兩性在各方面地位的平等，但是營造實質及心理平等的生活環境，仍然需要每個人盡一份心力。讀者們應該覺察自己的性別角色刻板印象，以相互尊重的態度和樂相處，因為「男人女人一樣好」。

思考一下

在言論中給其他人貼標籤，會讓人覺得你偏執，請問該如何改善？

👍 社會中，有些女性工作能力甚至比男性強，所以應該撇除偏見，一視同仁。

👎 狡辯自己沒有替別人貼標籤，怒罵批評自己的人。

50 「罵人價目表」上，一句「智障」至少賠五萬

韓國地方法院曾處理一起在線上遊戲聊天室中，稱別人為「禿頭」之金某的誹謗告訴。

二審判決書這樣寫到：「禿頭雖然是針對他人外表的客觀性描述，但在大眾媒體或文學作品中有負面意涵。」而且事實上，原告有著濃密的頭髮，所以被告等於是捏造不實事實。

而最終判決書則提到：「不管是『禿子』或像『光頭』這樣的表達方式，很難認定為是表現輕蔑、予以侮辱、降低對方社會價值或評價的行為。」

雖然在判決書中針對名譽毀損的部分判決無罪，但法官也間接承認了禿頭是侮辱

別人的話，會讓對方對自己的外表產生自卑感。

除此之外，若是有教養的人，有些話語是不該說出口的，就像以下的例子。

美國芝加哥市長拉姆．伊曼紐爾（Rahm Emanuel）曾在白宮的非公開會議中，因為討厭反對人士，而稱他們是「智障」。

此事件一經報導，殘障奧運會總部和身心障礙人士團體，立即提出嚴正抗議，要求伊曼紐爾收回此話並道歉。

人權意識逐漸抬頭的今天，與殘障人士人權有關的詞語，例如啞巴吃黃蓮、睜眼說瞎話、瞎子摸象等等帶有否定意味的詞語，都該盡量避免。

另外，「即便有缺陷……」這樣的說話方式也帶有同情殘障人士的意思，最好也不要使用，以免使他人受傷。

而過於強調女性身體特徵的形容詞，如「蠻大腿」、「童顏巨乳」、「爆乳」，或是對中年女性較不尊重的稱呼，如「大媽」，又或者比喻外國人為「洋鬼子」、「東洋鬼子」等等語詞，都該盡量避免使用，以免惹上麻煩。

思考一下

如何避免自己說出以上不妥的語詞？

- 意識到上述語詞的嚴重性，或透過他人曾經受傷的經驗提醒自己。
- 說錯後立刻道歉，但下次還是照說不誤。

51 有話可以直說，但你得帶點甜

韓國古代有位名叫申點的官員，他向皇帝進言：「國家的北方空無一人，若有蠻夷騎兵入侵，將無計可施，請您提早挑選、培養將帥。」

宣祖回答道：「那麼就派那些在朝廷大聲說話的人去吧。」間接諷刺那些在朝廷上意見頗多的大臣。

學者李珥聽了宣祖的話，說道：「殿下所指何人呢？如果是指說話大聲卻言之無物的人，他們如何能阻擋敵人呢？又若是派那些崇尚過往賢君盛世，並以此向殿下進言的人去，那就太不妥當了。」

李珥接著說道：「身為一國之君，一旦把話說出口，立刻就會傳遍四方。若所言不善，人民就不會遵從。殿下現在指責學者們大言不慚，要將他們送往北方，那麼賢明之人將不再為國盡力，而不孝之人便會趁機掌握朝廷。君主的一句話讓賢者氣餒、惡者喜悅，那豈不是說錯話了嗎？」於是宣祖閉了嘴，一言不發。

做人必須慎言，何況是一國之君，更要注意自己的言行，以免影響國家的發展。

另外一個例子是，為了抗議政府、表達心聲，每逢周末都有群眾在首爾光化門廣場前舉行燭光集會。

某位知名食品公司的代表人，就在自己的社群網站上寫道：「新聞越來越難看了，燭光集會、示威，媒體老是挖一些陳年舊事」、「如果政局發生動搖，國家就會陷入危險」等言論。

而且這位代表還上傳了保守團體的影片，提及「舉行大規模集會及參加集會的人是暴徒」等內容。

這引起支持燭光集會的網友憤怒，民眾的抗議行動甚至擴及抵制該公司的產品。

大眾紛紛表示，如果真的了解消費者的心理，就不該上傳那些文字和影片，而是應該站在消費者立場，與民眾為伍。

說錯話的負面效應可大可小，但無論如何都是降低自身評價的毒藥，所以我們應該藉由自己或他人失言的例子，來檢視或警惕自己，才能慢慢減少說錯話的可能，並提升自我評價。

思考一下

有些人認為直話直說是件好事，但未經修飾地說出真心話，可能會讓對方難過，該如何調整？

👍 說話前，先思考對方的個性與可能的反應，選擇一個比較適合他的說法，讓他能聽進去，才是比較有效的建議。

👎 直話直說總比拐彎抹角好，反正對方不能接受是他的事。

52 先把價值觀矯正，就不怕輕率口誤

失言與輕率地脫口而出很像，馬來西亞有句俗語說：「腳滑了有身體可以承受，但舌頭滑了就必須以黃金來支付代價。」

如果不想付出過大的代價，就要懂得讓舌頭踩煞車，才能避免失言。想不失言的首要重點，就是要讓自己的想法和心靈，保持正確價值觀、態度，那麼即使不小心透露出心裡的想法，或是無意間脫口而出，也不會有什麼大問題。

接下來看兩個藝人失言的例子。

韓國演員朴瑟琪有次擔任節目來賓，聊到關於擔任聲優（配音員）的經驗時，主持人說：「瑟琪的聲音很像聲優，幫動畫配音也很適合，不試試看嗎？」朴瑟琪說：

「我以前曾幫卡通配過音，但後來就沒有了。」

主持人又稱讚：「妳當聲優一定很合適。」這時朴瑟琪回答說：「如果接下來沒別的事做，我就會再試試看。」

「如果沒別的事做」這句話很快就招受譴責。

KBS電視台的配音員權昌旭毫不留情地批評她：「會說出這種話，表示妳平時就覺得這個工作很可笑是吧？在這個世界上，沒有什麼工作是輕鬆簡單的，而看不起這份工作的人才是微不足道的。」

朴瑟琪事後表示自己太輕率發言了，馬上向大眾道歉。

另一個例子來自全球知名電影演員全智賢，她在電影《暗殺》中飾演一位朝鮮獨立運動的女性。

當她被記者問到：「平常對歷史感興趣嗎？」

她回答：「一點都不。完全是因為劇本非常完美，角色也很有魅力，因此讓我很想接下這個角色，但我其實對劇中所飾演的角色不怎麼了解。」

到此為止的發言還沒什麼問題，大麻煩還在後面。

全智賢繼續說道：「我對獨立運動和民族議題也不是特別關心，平常對國家的事也沒什麼興趣，所以很難對劇中人物產生共鳴。」

雖然她誠實地表達出自己的心聲，但在正式訪問中，這樣輕率的回答嚴重地損壞了她的形象，在大眾心中，她成為了一個不關心國家議題的演員。

心裡的想法很容易表現出來，因此為了避免失言，平常一定要讓腦中及心裡的想法保持正確價值觀，才能降低犯錯的可能性。

思考一下

在被採訪或提問時，很容易脫口而出內心的想法，該如何避免失誤？

- 說話前稍作暫停，思考過後再發言，切勿使用過度肯定的語詞，例如：「絕對是」、「一定……」以免事後沒有轉圜的餘地。
- 閉口不言、轉移話題。

53 蔡康永：「說話直跟沒禮貌是兩碼子事！」

有位視障黑管表演者向我分享了一個故事。

他從出生起眼睛就看不見，但這個障礙反而成為他的助力，讓他演奏起來更加完美，所以他從未因此感到自卑。

有次他表演完正要離開音樂廳，一位女性氣喘吁吁地追上來，請求他教自己的兒子吹奏黑管。

這名視障黑管家原本一再拒絕，但最後禁不起對方不斷地請求，於是兩人約定了日期與地點，要替這位婦人的兒子授課。

到了約定的日子，他打掃了教室準備迎接學生。

但在約定時間的前五分鐘，他卻接到那位婦人打來的電話說：「你好，上次與你見過面，我是那位小朋友的媽媽。」

他禮貌地問：「請問你們什麼時候會到教室呢？」婦人回：「不好意思，因為我兒子說不想給看不見的人教，所以我們就不去了。」接著馬上掛掉電話。

事後這位視障黑管表演者難過地對我說：「我認為我的缺陷是神給的功課，是為了彌補其他不足之處的禮物。我雖然看不到，但我在其他方面的感覺卻很靈敏。」

如果那位母親一開始聽兒子的意見，找他想找的老師會怎麼樣呢？

而且就算兒子不想上課，這位母親也可以用另一種表達方式，例如：「因為發生一些意外的狀況所以沒有辦法上課了，真的很抱歉。」肯定會比較好吧，至少不會在他人的傷口上灑鹽。

上述這個媽媽只顧自己一時爽快，沒有考慮到說話的態度是否照顧到對方的感受，或有沒有給予別人人格上的尊重、讓人感受到善意，這才是令人討厭的本質原因。

良言一句三冬暖，惡語傷人六月寒。所以奉勸讀者不要做一個口無遮攔、咄咄逼人的人，因為那些傷害可能會在多年以後，像回力鏢般報應在自己身上。

思考一下

我們如何在日常對話中，落實體貼他人？

👍 說話時減少用批判、責備性言語，改用建議、提醒的方式，會讓對方更能接受你的想法。

👎 一直對他人說：「如果我是你的話，我就會……。」

Note

/ / /

Chapter 5

給建議也可以，但記得別踩到「底線」！

54

也許你只是想做效果，卻讓人心好累

我曾在某個廣播節目上聽到一位聽眾H的故事，讓我非常驚訝。

H與幾個高中時期的朋友很久沒見面，有次大家好不容易相聚，大夥兒聊著聊著，H突然發起牢騷，向同學們抱怨婆家。

她的好朋友聽完她的經歷，生氣地說：「妳的婆家真像乞丐。」然而H聽到這句話後，心情頓時變得很差。

雖然她對婆家的確有不滿，但終究還是她的家人，所以這位朋友並沒有安慰到她，反而讓她更加不愉快，所以之後就再也沒有與那個朋友聯絡了。

我們經常為了替朋友抱不平，卻不小心說得太過分，傷到當事人的自尊心。

說話說得太過頭，並不是個好習慣，猶如在對方心口插了把利刃，會影響兩人之間的關係。

無論與對方多麼親近，有些話就是不能說出口，例如：「你為什麼總是那樣」、「反正你只會玩」、「那麼簡單的事你也不會」、「你到底有哪件事做得好」、「不要那樣過日子」、「你太做作了」、「我看你到底有多厲害」、「我們一刀兩斷吧」等等。

當你不經意說出某些話，心裡浮現出「糟糕」的感覺時，通常已經犯下致命錯誤了，讓我們看看下面學員們分享的例子。

（一）某天，A先生那已經年過五旬的妻子突然用尖細的聲音，身體前後晃動地叫他的名字。

A當下不自覺地說：「很噁心耶。」結果妻子的表情突然就變了，接下來好幾天都不跟A講話。雖然A只是開玩笑的，但他事後感到非常後悔。

（二）有群朋友們打算把各自的聲音錄起來，聽看看與平常聲音有什麼不同。

但當事人B播出自己的聲音時，有個朋友卻說：「B的聲音跟他的臉不一樣，聽起來很沒氣質。」這句話經過了三十年，至今都還留在B的腦海裡，讓他無法忘記。

（三）某天C與朋友們聊到衣服話題時，他自以為開玩笑地對其中一個朋友說：「你有在意衣服嗎？你連臉都不在意吧！」一旁的朋友都拼命打圓場，但場面依然非常尷尬。事後那個朋友表示他非常難過，而C則對自己開了過度的玩笑感到懊悔不已。

（四）D是個公務員，常常接到民眾的諮詢電話。通常他都以最快的速度接起電話，並親切地說明。

但總是有人會不滿意地說：「你們這些公務員，拿著我們繳的稅，舒舒服服地坐在辦公室裡……。」每當他聽到這種話時，就會無言以對。

（五）E的女朋友有天突然精心打扮，想要給他個驚喜。但他看到後卻不自覺地說：「好像酒店小姐喔。」

其實E想表達的意思是很性感，但卻弄巧成拙。雖然他事後一再請求女友原諒，但女友還是非常生氣，兩人也因此分手了。

（六）F與媽媽起了爭執，就在吃飯時，他吐槽媽媽說：「煮得像狗吃的一樣。」媽媽因此受到很大的打擊，整整兩天都不跟他說話。

思考一下

可以透過什麼方式，避免造成上述那些弄巧成拙的狀況？

👍 在氣頭上或衝動時，先保持沉默，等冷靜下來再發言。

👎 不管對方生不生氣，都理直氣壯地講出自己的看法。

55 真心想關懷，給建議一定比批評好

韓國網路節目《非正式專欄》中曾邀請來自德國的丹尼爾（Daniel Lindemann），一同討論有關「批判」的議題。

丹尼爾說：「社會上似乎正在蔓延著負面批評，例如『你為什麼連那個也不會』或是『你這樣做是錯的』這類的話，一天至少會聽到三次以上。在東方社會中，批判有雙方一起成長的意義；但如果在德國用那種方式說話，兩人的關係反而會變得疏遠，感情也會變淡。」

接著，他又再補充道：「如果對方有什麼不足之處，與其直接批判，不如親切地提出建議，或許才是比較尊重對方的表達方式。」

而另一位來自埃及的來賓薩米・拉沙德（Samy Mohamed Rashad），他所說的話也值得我們深思：「建議中飽含溫暖的心意，但批評只是冷淡的感情而已。」

學習知識的目的，並不是用來指正他人的行為。我們常常因為期望落空而指責對方，就像所謂的「奧客」行為。

在這個服務至上的時代，顧客簡直有如帝王，然而為我們服務的人也是人，當我們表現出奧客的行為時，本身就該受到社會的批判了。

思考一下

怎麼樣對服務生說話，才不是奧客的行為？

- 說話時用「請、謝謝、對不起」，並以尊重的態度接受對方的服務。
- 對服務生頤指氣使，反正付錢的就是老大。

56

酒後就閉嘴吧，別讓一句話毀掉一段關係

有個女性上班族對我說：「我曾在某任男友的面前，不小心講了兩次前男友的名字。一次是口誤，當下我立刻道歉，所以男友也沒說什麼。第二次是在喝醉時說的，結果男友馬上說要跟我分手。」

應該有許多讀者也曾在酒醉後失言吧，讓我們來看看下面這個例子。

一九九九年，韓國高等檢察廳長秦炯九在與記者見面時，發表了驚人的談話。內容提到有關一九九八年的一起由檢察機關主導的弊案。

第二天，各大媒體馬上刊出此番言論，引起大眾譁然。秦炯九表示他是酒後失言，一切都是誤會，檢察單位也連忙否認這個說法，但一切已經覆水難收，而當時的

司法部長也因此事，上任不到十天就下台了。

另一個例子來自韓國教育部政策規劃官羅向棺，他在與記者共進晚餐時說出「民眾是豬狗」、「只要讓他們有飯吃就可以了」等不當言論。

然而他最後只在國會上表示：「那是喝醉之後的失言，在此向全國國民致歉。」他狡辯自己不記得，說的也不是真心話，但最後仍因此事件被人民罷免。

男人們常說：「在酒席中發生的事，就在酒席間結束。」但就算要睜一隻眼閉一隻眼，也該有個限度。過度的失言，會讓他人對你留下不好的印象。

思考一下

如何避免自己酒後失言？

- 👍 減少出席需要喝酒的場合，尤其在同事聚會上，盡量避免飲酒過度。
- 👎 直接把自己灌醉到神智不清。

57 玩笑話也別超過道德底線，否則……

K的女朋友體型比較壯碩，雖然她努力減肥，卻一直失敗。所以K有時會嘲笑女友的身材，但用意只是增加情趣而已，並不是真心想傷害對方。

有天，他在校園巧遇女友，女友叫K騎腳踏車載她去拿東西，K卻開玩笑地說：「不行，萬一車子爆胎怎麼辦？」女友瞪了他一眼，接著就轉身跑走，再也沒有與他聯絡了。

就像常去危險的地方，受傷的風險自然比較高一樣，喜歡開玩笑的人，自然更容易越過界線。

靠說話吃飯的政治人物，偶爾也會因為越線而狼狽不堪，就像下面這則例子。

二〇一〇年，美國參議員泰德．史帝文斯（Ted Stephens）因墜機事故死亡。民主黨議員候選人哈勒蘭（Keith Halleran）卻在自己的社群網站上寫道：「如果是裴琳（Sarah Palin）坐上那班飛機就好了。」

裴琳是美國共和黨員，曾擔任過阿拉斯加州州長，擁有許多支持者，所以對手民主黨的支持者們對她很反感。

而眾議員荷瑞根（Timothee Horrigan）回應了哈勒蘭的留言，讓整件事情越演越烈。

他在自己的臉書上寫道：「活著的裴琳比死去的裴琳更危險，她如果死了，就不會再失言了。」以此諷刺裴琳時常說錯話。

結果不到一天的時間，這位眾議員就因此番未經深思熟慮的發言道歉，並因此辭去議員職務。

他們之所以想嘲弄裴琳，是因為想得到支持者的歡呼。但如果表達方式太過頭，超越一般人能忍受的道德底線，那麼反而會使自己成為被圍攻的對象。

思考一下

我們常為了引眾人發笑而講出過度的笑話，反而弄巧成拙，該怎麼辦？

👍 在大家都關注的話題上，盡量不要發表個人言論或開玩笑。

👎 如果大家不笑，就再講出更過分的笑話。

58 隔牆有耳的機率比你想像中更高！

有次，有個女生對我說：「我跟婆婆之間沒有婆媳問題，平時就像親生母女一樣。然而有天，我無意間聽到婆婆對我丈夫說：『媳婦活潑開朗是很好，但不知道是不是因為沒有爸爸，所以講話有點太隨便了。』我完全不知道她私下那樣看待我，所以非常難過。」

人們在背地裡抱怨時，往往最容易失言，因為他們總認為自己所說的話不會傳到當事人耳裡，所以會更加地口無遮攔。

二〇一六年，時任韓國中央研究院院長的李基東，某次在回答議員提問時，多番被反駁，讓他非常不爽。

他隨後便以身體不適為由，去了洗手間。根據議員辛東根的說法，李基東在洗手間內對祕書抱怨道：「我竟然被那些年紀輕輕的傢伙這樣羞辱。」

李基東原本矢口否認，但後來他的祕書承認的確有此發言。事後國會便針對韓國中央研究院的預算，刪減了十三億韓元（約新台幣三千四百萬元）補助，理由如下：「因為李院長的不當言行，因此決定刪減補助，作為處罰。」

說閒話的英文是「backbite」，意思是戳別人的脊椎骨。義大利教宗方濟各（Franciscus）勸導大家：「只要不說別人閒話，就是真正成熟的人。」正是所謂「人前不該說的話，在背後也不要說」的意思。

而且若是閒話被當事人聽到，後果恐怕不堪設想，兩人關係可能會因此破裂。刑法上有名譽毀損罪，所謂名譽是指社會對一個人的評價，而名譽毀損則是指貶低一個人的人品、德行、名聲、信用等行為。

刑法規定：「公然以事實或虛假事實，損害他人的名譽，應當予以處罰。」因此即便聽到別人在背後說三道四，也應該自我克制不加以做出評論，要記住，在他人背後說閒話，就是失言的源泉。

思考一下

如何避免發生上述情況？

👍 在人前不該說的話，在人後也不隨便說出口。

👎 若說別人閒話被發現了，就打死不承認。

59 什麼是「佛洛伊德式失言」？

韓國舉行第十八屆總統選舉時，當時還是候選人的朴槿惠，在召開記者會時說：「我將於今天辭去過去十五年裡，與國民共患難的總統職務。」語畢，全場一片寂靜，大家都面面相覷。

她原本是要說辭去「議員」職務，卻口誤講成辭去「總統」職務，而且直到旁邊的人提點，她才發現自己失誤。

於是她很快地笑著說：「我重說一遍。我今天辭去了過去十五年間，與國民共患難的國會議員一職。」

韓國共同心理研究所所長金泰亨，曾對此事做出解析：「我可以大膽推測，朴槿惠實際上不想選總統。根據心理學家佛洛伊德的說法，人在說話時不會輕易地失誤，即使是失誤，也必有其含義。」

所謂「佛洛伊德式失誤」（Freudian slip），就是在不知不覺間說出「心裡話」。所以有時說錯話，其實正是在無意間，向外界透露出自己想隱瞞的想法。

透過金所長的說明，其實無從驗證朴槿惠到底有沒有「不想當總統」的心態，然而要找出證明佛洛伊德式失言的事例並不難，例如以下的例子。

二〇一六年韓國國會選舉，執政黨代表金武星為候選人李俊錫站台。他在發言時不小心說出：「為了韓國的未來，希望大家能支持安哲秀議員！」

安哲秀是李俊錫的對手，這很明顯的是失言，於是金武星馬上補了一句：「我是為了逗大家笑，才故意這麼說的。」試圖為自己緩頰。

但許多人認為金武星是說出了心中的話。因為若是安哲秀當選進入國會，那麼下屆總統選舉時，就可以為他分散對手的票源，讓他順利當選總統，而這正是他所樂見的。

如果想要減少佛洛伊德式失言的發生，最好事先準備好該說的話。如果是演講，就必須事先寫好稿子，並在演說前反覆練習，以免出糗。

思考一下

為了避免「佛洛伊德式失言」，我們可以……？

- 事前準備好想說的話，演講前先寫好稿子，並多加練習。
- 說錯時，馬上狡辯。

60 小心，潛意識總在不自覺中出賣你！

網路上流傳著一則，關於美國職籃洛杉機快艇隊的老闆史特林（Donald Sterling）與女友的對話。

史特林說：「妳跟黑人來往讓我很困擾，快把妳跟魔術．強生（Earvin Johnson Jr.）拍的照片從手機裡刪掉。」

史特林身為球隊老闆，竟說出此種種族歧視性的言論，這讓所有快艇隊的選手們皆表達強烈不滿，所以球員在比賽前，同時把球衣丟在地上，還故意將球衣反穿，遮住球隊標誌。

最終，美國職籃決議將史特林逐出聯盟，並處以聯盟歷來最高罰金兩百五十萬美元（約新台幣七千七百萬元）。

史特林事後在接受訪問時解釋道：「我不是種族歧視者，我也完全沒有貶低黑人的意圖。」他為自己錯誤的發言向大眾道歉。

但他又說：「魔術．強生不足以成為孩子們的榜樣。」

此話又引來更強烈地撻伐，一再強調自己不是種族主義者的史特林，怎麼會說出這種歧視黑人的言論呢？

美國記者費丹坦姆（Shankar Vedantam），曾以無意識、潛意識、暗示性等概念，創造了「隱藏的大腦」（hidden brain）一詞，指的是沒有意識到，卻操縱著我們的多種影響力。

他在其著作《隱藏的大腦》（*The Hidden Brain*）這本書中提到，有研究人員曾針對六歲兒童、十歲兒童以及成年人，進行有意識和無意識的種族態度檢測。

結果顯示，這三個群體對種族差異的無意識態度都差不多，對白人的好感度普遍比黑人高。

研究人員接著請他們明確說出自己是否有種族歧視，結果十歲兒童比六歲的兒童，更不承認自己有偏見，而成年人則完全否認自己有偏見。

根據這個研究可以得知，當人們必須明確地表明自己的立場時，我們的大腦會與隱藏的潛意識對話，並由理性戰勝內心的想法，取得勝利。

但如果在有壓迫感或緊張的情況下，潛意識會使理性變弱，進而失去控制，人們便會根據平時的想法來說話或行動，這就是為什麼受到媒體追問的人，常說出愚蠢言論的原因。

其實每個人在潛意識中多少存在著偏見，只是隨著年紀漸長，我們學會用理性壓抑，所以沒有外顯。說話時斷斷不能放鬆警惕，必須學會控制自己的發言，才不會釀成大禍。

澳洲昆士蘭大學心理學教授希普爾（William von Hippel）表示，隨著年齡增長、大腦退化，我們會越來越像小孩子一樣，毫無顧忌地表現出偏見，就像史特林上述的發言，正是發生在他八十歲時，更證明了希普爾教授的研究結果。

思考一下

人類無可避免地會有偏見，但要如何不在言談中表現出來呢？

👍 在講到敏感話題時，盡量避免強調自己的立場。

👎 講到類似話題時，強迫對方接受自己的偏見言論。

61

想要人氣強強滾，就靠……

Q是位外貌出眾的女性，而且畢業自明星大學，從小到大都是父母的驕傲。在她結婚後，她媽媽也經常向朋友們炫耀女兒與女婿的幸福生活。

因為與丈夫私下相處不睦，某天她終於下定決心要離婚了，娘家對這件事自然持反對意見，Q的母親對她說：「這樣我會很丟臉，妳要我怎麼活啊？妳怎麼可以這樣對我？」

聽到這話的Q一時愣住了，完全不知道該說些什麼。在她心情最沉重的時刻，母親居然只想到自己，讓她更加難受。

當我們以自我為中心思考時，就無法與他人取得共鳴，此時最容易失言。

想避免這樣的情況發生，我們必須多多培養同理心，也就是明確地理解、體諒對方的心情。

每個人的想法都不同，當我們學會站在他人的立場思考，就更能掌握對方的心情，並採納他人的意見，對自己與周遭的人絕對有利無害。

思考一下

以自我為中心地發言，無法與他人取得共鳴，什麼樣的方式比較正確？

先認真聽取對方發言，再講出自己的想法，避免發表太過主觀的言論。

認為「做自己」最重要，說話時都以自己的意見為主，完全不理會他人。

Note

/ / /

Chapter 6

8招修正「神失言」，對方下一秒就稱讚你！

62 隨時都要檢討自己的說話習慣

本書對失言最廣泛的定義是：「讓他人降低對發言者評價的話。」在前幾章中，我們也舉了許多事例，說明何謂失言。

所謂的失言大致可以分為兩種：一是造成對方或第三者心靈創傷的話；二是體現出說話者之無知與偏見的發言，這兩點都容易使自己被評價為輕率之人。

無論時代怎麼改變，提醒人們注意發言的忠告，永遠不會減少，只會不斷更新。韓國詩人金初蕙的詩《口》，就這樣形容言語的殺傷力：

能讓活著的人死去，也能讓死去的人復活；

能塑造善良的人，也能塑造惡人。

不是只有我有，所有人都有，

凶器中的凶器。

我們可以透過平時的訓練，培養舌頭剎車的能力，這是避免失言的首要途徑。充滿智慧的先人們，也留下許多值得銘記在心的忠告。

例如❹羅馬五賢帝中擁有「哲學家皇帝」之稱的奧理略（Marcus Aurelius），就特別強調人在說話時要有謙虛的心。

他說：「如果察覺到他人的錯誤，要帶著虛心指正對方。如果那個人不聽你的話，那你應該自我反省。但最好的方法是不要指責任何人，並時刻保持一顆謙虛的

---

❹指安敦寧王朝是羅馬帝國的一個王朝，總共有六位皇帝，前五位皇帝謙虛、關愛臣民，這段時期也是自奧古斯都之後，羅馬帝國最強盛的時期。

心。」

美國第三任總統湯瑪斯・傑佛遜（Thomas Jefferson），也提供了一個很好的方法：「當你生氣的時候，在開口前先數到十。如果還是非常憤怒，那就數到一百吧。」只要忍耐力越強，就越可以避免被憤怒的情緒蒙蔽雙眼，導致失言。

俄國思想家列夫・托爾斯泰（Lev Tolstoy）留下更具體的忠告：「說話前，一定要留給自己思考的空間，好好想想說出口的話有沒有價值，會不會給他人帶來傷害。」

他還說：「不要指責別人，指責別人通常是不正確的，因為沒有人會知道，被指責的人心裡會有什麼感受。」

為了避免失言，我們應該努力培養好好說話的意識、心態，而最要緊的就是經常檢視自己說話的習慣。

如果曾經在酒後失言，就別讓自己飲酒過量；如果說話時習慣帶髒字、誇大，或喜歡說些輕浮玩笑，就更需要警惕自己。

另外，喜歡用自己的標準評價別人、在背後說閒話的人，必須明白這麼做最容易造成失言，也要格外注意。

Point

#謙虛 #自我檢視

在平常說話時，檢視自己的說話習慣，若發現錯誤之處，應該立即改正，或尋求對方原諒。

63 第一招：想要與他人產生共鳴，你得先……

有位電話行銷員曾向我訴說他的經歷。

有次他與媽媽一起看電視，節目上正在播出關於電話行銷員的故事，他對媽媽說：「真是講出我的心聲。我跟妳說，我們工作有多委屈……。」

然而媽媽馬上打斷他的話說：「這個世界上哪有工作不辛苦，要不要換你聽我抱怨？」媽媽的這番話，讓他尷尬又難受。

想理解對方的心情，就必須先傾聽別人的故事，但人們為什麼總是不肯好好聽對方說話呢？

第一，比起聽別人說話，現代人更傾向於表達自己的意見。因為成為發言者可以主導場面，並以此獲得關注、強化自我認同感。

第二，聆聽時很難集中精神。研究顯示，人在一分鐘內，平均會說出兩百二十五個單詞，但卻可以在一分鐘之內，聽懂五百個單詞，這表示大腦有多餘的能力，處理多出的兩百七十五個單詞。

所以，人們在聽別人說話的時候，眼睛同時在觀察其他事物，腦中會不由自主地產生各種不同的想法，而大腦會自動選擇接收更有趣的訊息。所以如果想專注地聽別人說話，就必須投入更多的精力與專注力。

第三，我們通常會一邊聽別人說話，一邊想著接下來要說什麼，但如此一來很容易錯過對方談話內容中的重點。

第四，我們有時會急於得到他人認同，而忽略人家的言論。也常先入為主地認為，對方說的話自己都知道，所以不需要用心聽。

以上四點就是傾聽之所以困難的原因，但大家要知道，不傾聽就會提高失言的機率，因為對方可能會認為你不尊重他，對你留下不好的印象。

要懂得在傾聽過程中揣摩對方的感覺和想法，並向對方確認自己理解的內容是否正確，如此一來對方覺得得到充分理解，才會敞開心胸與你對談，使雙方達到效果更好的溝通。

例如美國知名主持人歐普拉（Oprah Gail Winfrey），在其主持的脫口秀中，通常只會說十分鐘左右的話，其餘時間她會專注地看著來賓，不時點頭或提問。

曾經有位來賓，在講述自己遭受性暴力的經驗時忍不住落淚，歐普拉馬上上前擁抱對方，讓對方感受她的溫暖、關懷，這也正是歐普拉脫口秀最吸引人之處。

具有共鳴能力不僅可以避免失言，還能增添說話的魅力。

但有時試圖與他人產生共鳴，還是可能會造成失言，例如草率地將別人與自己的經驗相提並論。

最常發生的情況如下：公司的後輩向前輩抱怨工作實在太辛苦了，前輩卻說：「我剛進公司時比你要苦得多了。」

實際上，兩人遇到的情況可能不太一樣。所以如果可以，應該專注地聽後輩說，並充分感受對方的痛苦，接著再說出自己的故事也不遲。

另一個常見的情況是，當朋友弄丟錢時，你對他說：「這哪有什麼，我曾經弄丟過兩倍的錢。」這樣的話不僅無法讓人感到安慰，還會讓對方更難受。

Point

懂得傾聽別人發言，才能與他人產生共鳴，達到更有效的溝通。

#傾聽 #共鳴

64

第二招：慢一拍再開口，想想對方處境

現在，讓我們一起找出避免失言的方法，進而學習更恰當、更符合當下情況的說話方式。

有個故事是這樣的：有位年紀超過八十歲的奶奶，與丈夫結婚六十多年，兩人的感情十分融洽。不久前爺爺離世了，奶奶傷心欲絕，整日食不下嚥。

然而，有人卻自以為安慰地跟奶奶說：「至少你們曾經一起生活了六十多年，妳應該感到滿足，所以別太難過了。」

人們無法理解奶奶有多傷心，就用自己的想法安慰她，不僅沒達到撫平傷痕的效果，反而對老奶奶造成更大的傷害。

我們應該接受並尊重奶奶的心情，或想想她最需要什麼，並提供協助。

又或者把安慰改成：「奶奶如此傷心，看來您真的很愛爺爺，你們的感情一定非常好。」這才能產生共鳴的說話方式。養成這樣的習慣，才能正確地體諒、安慰到他人。

Point

理解對方的立場、心情，才能說出有同理心的話。

#同理心

65

第三招：人人都有不得已，別總是自作主張

說話時沒有考量對方的處境和立場，只顧著單方面地發表意見，那麼失言的機率就會大大提高，就像下面這個例子。

有個學生家中的經濟狀況不好，所以他平時都在便利商店半工半讀。

某天他的教授得知他在打工的事，對他說：「年輕人不要貪錢，應該多下點功夫在學習上。」

他聽到此話後非常鬱悶，雖然教授的話有他的道理，但他是因為必須支付生活費用，不得已才這麼做的。

正巧，當天到便利商店後，店長也自作主張地告訴他：「薪水過幾天再給你沒關

係吧。」更讓他感到無比委屈。

在這個例子中，無論是教授或是店長，都沒有考慮到學生的處境，只是自顧自地說自己想說的話，讓人感到無奈又生氣。

正確的做法應該是：教授在說話前，應該先考量到學生賺錢的背景因素，並加以理解、體諒；而店長如果不能如期支付薪水，也應該先告知原因，並取得對方的同意與原諒。

Point

不懂他人背後的困難就單方面地發表意見，容易造成對方不滿。

#理解 #體諒

66

第四招：別張口就「否定」，才不會讓自己狂被扣分

當我們想對他人做出評價時，應盡量避免講出否定的語詞，最好使用肯定、積極正面的語詞，才可以減少失誤的發生。

讓我們來看看以下常見的情境。

在一個親戚們都在的場合中，某位媽媽說道：「我們家老大真的很優秀，她正在準備考音樂班。至於老二真是讓人煩惱，她沒有一件事是做得好的，未來也不知道可以讀什麼學校。」在場的親戚們一邊聽，一邊用憐憫的眼神看著二女兒。

但二女兒似乎已經習慣了這樣的場景，只是默默地坐在旁邊一語不發。

子女們對於父母給自己的評價通常很敏感，尤其在外人面前更是如此。

在中華文化中，父母習慣以貶低子女的方式表達謙虛，在此建議大家，對家人的負面評價或指責性話語，最好別在外人面前說，避免傷及當事人自尊。

接下來是一個參加跆拳道大賽的學生K的經歷。

K在準備比賽時努力地練習，雖然最後只拿到第四名，但他還是很滿足。下場後，K興奮地對教練說：「教練，我表現得還不錯吧？」

然而，教練卻帶著不甘心的表情說：「你不是因為打得好才贏，是對方打得不好，你才能得名。」

聽到這句話後，K心裡非常難過與不爽，之後再也沒穿過道服了。

雖然教練也許是為了不要讓學生自滿才這麼說，但這樣的說法會讓人感覺白費努力，並因此感到氣餒。

教練如果換個方式，先認同學生的情緒，例如：「你表現得很好，但準決賽的對手非常強，所以千萬別大意喔！」才可以同時達到體諒與激勵的效果。

我們通常不喜歡面對使用否定語氣的人，但是有些必不可免的場面，可以嘗試用下列三種方式因應。

第一，不回應。使用否定語氣的人通常有背後的意圖，所以當下最好不與其爭論，應將焦點轉移到對方身上，才不會越談越糟。

第二，思考對方背後用意。否定句是一種間接溝通，應該先觀察對方真正的想法，才不會一時情緒激動，做出錯誤選擇。

第三，事後告訴對方自己的感受。如果對方是重要的家人、朋友，那你應該在事後直接向他表達不悅，讓對方知道自己的錯誤，並給予他改進的空間。

Point

#正面 #鼓勵

以肯定取代否定，不僅會讓談話過程更加愉快，更可以透過鼓勵，讓彼此更進步。

67 第五招：批評、追究沒有用，你該……

有個大學生在暑假時，透過同學介紹，與幾個朋友一起到養老院當義工。沒想到工作內容出乎意料的辛苦，於是他就一邊做事一邊抱怨道：「到底是誰帶我們來這裡的，還不如去涼快的郵局當志工。」

他對同學事前熱心與養老院接洽的努力視而不見，所以對方也不爽地馬上反擊，兩人就這樣大吵一架，結果義工活動之後再也沒有聯絡。

我們在疲憊之時會忘記關懷對方，甚至會把不滿發洩在別人身上。

如果當初那位大學生說：「好累呀～沒想到當志工這麼不簡單。」只要換個方式說話，就會得到完全不同的結果。

另一個故事也值得我們警惕：職員P工作能力很好，所以他對自己非常有自信。但他常對其他同事說：「這麼簡單你也不會」、「如果是我就不會犯這種錯誤」等等。因為P的語氣很不尊重人，所以大家都與他漸行漸遠。

雖然不是所有話都必須甜言蜜語，但在教導他人或給對方建議時，還是要稍加修飾，才不會引起衝突。

P在這件事上明顯缺乏與他人共鳴的能力，他應該先明白每個人的長處，並了解「人非聖賢，孰能無過」這句話。

最好的方法是以建議的語氣回應他人，例如：「每個人都會犯錯，下次用這個方法試試看吧。」相信大家都會更樂於與他共事。

Point

#關懷 #建議

說話前多體會別人的用心，用建議取代批判，就可以大大降低失言機率。

68

第六招：溫暖的眼神鼓勵，其實就夠了

有個女性上班族終於鼓起勇氣，決定向同事表明自己曾經離過婚，雖然她有點擔心某些人會以特別的眼光看待這件事，但還是相信大部分人會理解、安慰自己。

結果有個同事聽完後卻說：「妳真的經歷了一段很糟糕的人生。」這句話讓當事人感到很不舒服，所以她從此以後便漸漸與這位同事疏遠。

通常我們與他人分享自己的祕密，是基於想更加親密的心理。然而，若是傾聽之人擅自評價自己的人生，就會令人感到不悅。

若是以另一個方式說：「妳熬過最辛苦的日子，真是太了不起了，謝謝妳願意告訴我這件事。」當事人一定會覺得被理解而感到溫暖。

另外，在朋友失戀時，有些人會這樣安慰對方：「老實說，我覺得妳男友真的很爛，所以妳應該高興可以離開這個爛人。」這樣的說法隱約有種「妳不會看人」的意思，同時還有「我比妳會看人」的涵義。

以上的方法都無法達到安慰對方的目的，比起說這些沒有效果的話，不如以溫暖的眼神表達共鳴，更能傳遞出適切的安慰。

Point

安慰他人時，不隨意論斷對方的發言，才是尊重別人的行為。

#安慰 #尊重

69

第七招：一句「最近還好嗎？」適用於各種場合

有時我們在路上遇到朋友，會詢問對方要去哪裡，但對方可能正在忙碌中無法回覆，所以我們應該謹記，關心他人的同時，也別忽略了禮節。

下面這則案例，就是最貼切的例子。

有個女生身體不太好，所以家人、朋友們都叫她「藥罐子」，見到她總說：「妳今天看起來好像很累？」就是因為這樣，所以她不太喜歡跟別人見面。

有天，她特別化過妝才出門，但大家還是一貫地問著：「今天看起來很累，要不要去醫院檢查看看？」壓根兒沒人知道她的心裡感到多冤枉。

隨著年齡增長，她的眼皮不僅開始下垂、臉上也逐漸長出皺紋，更容易帶給別人疲倦的印象，所以朋友們有時也會以身體不好來消遣她，讓她很不爽。

試想，若是以「最近過得還好嗎」、「身體一切都好吧」，這樣一句話輕輕地、真誠地話關心對方，不是很好嗎？

話語的目的是要傳遞真心，如果真心是美麗的，說出來的話自然會讓對方感到舒服、愉快。

Point

選擇適當的用語，才能傳達適度的真心與關心。

#關心 #真心

70

第八招：別讓孩子留下陰影，爸媽不要說……

有個職業婦女向我分享她的故事。

她是兩個孩子的媽媽，同時也是公務員，上班的時間總會把孩子交給媽媽照顧，偶爾需要加班就會比較晚去接孩子。

有天時間拖得特別晚，她媽媽竟然對她說：「妳作為一個母親都不會覺得抱歉嗎？好好當一個媽媽吧！」

忙碌的工作和生活，已經讓她心很累，然而面對最能讓她依靠的人，不但沒有得到安慰，還聽到那麼冷酷的話，讓她更受傷。

如果媽媽可以換個方式說：「女兒啊，真是辛苦了，白天工作一定很累吧？我會跟孩子們說，因為媽媽是公務員，要替很多人服務、事情很多，所以要晚一點才能來接你們。」一定會更好的。

當我們想表達不悅的心情時，以「我」為主語說話會比較好，如果用「你」或是第三者為主語，很容易讓人感到不舒服，也會給對方一種被審問的感受。

在上述的案例中，若媽媽以自己為主語，那麼就會變成：「孩子，妳真是辛苦了，但是我照顧孩子也有點累，如果可以的話，我希望暫時可以休息一陣子。」用自己的立場如實地說出心情，就可以平靜地吐露出自己的難處，對方一定更能接受。

下面這個例子也相當常見。

有個媽媽把孩子留在百貨公司的兒童遊樂區，自己去逛街購物。但沒想到她去接孩子時，孩子竟然不見了。

後來經由百貨公司員工們的協助，終於找到了正在哭的孩子，於是她用焦急的口氣說：「我不是叫你乖乖待在這，你為什麼自己一個人跑去其他樓層？」

這位媽媽可能是想表達「我找你找得很辛苦」的意思，但僅僅是這樣嗎？應該不是吧！這個媽媽明顯是因為找到孩子，安心了之後，對自己沒好好照顧孩子而感到自責。

父母們經常不自覺地以責罵表達關心，其實如果可以說：「媽媽剛才真的好擔心，下次不可以自己跑出來找我，要記得媽媽無論如何一定會來接你，知道嗎？」小朋友一定更能記取教訓並理解媽媽的心情。

韓國幼兒及青少年心理專家金聖燦醫師，在其著作《成為父母的時間》中，曾舉出一個最常發生在東方家庭中的例子。

有個爸爸把在超市裡鬧脾氣的孩子帶到樓梯間，也就是用所謂的「暫時隔離法」處理，但過了很久，孩子都沒有停止哭泣，於是他生氣地說：「再哭，我就把你一個人留在這裡。」沒想到孩子反而越哭越大聲。後來媽媽哄了很久，小朋友才恢復平靜。

隔天開始，孩子就有意無意地躲著爸爸，還問媽媽：「為什麼爸爸要把我丟掉？」

孩子們不懂父母只是一時氣話，所以會下意識地擔心自己真的會被拋棄。在這種情況下，大人們應該要發揮同理心，以適當的方法安慰小朋友。

有些大人們明知孩子哭鬧的原因，卻不去解決，只想讓他們停止哭鬧，反而會產生反效果。

以「我」為出發點，表達出自我的情緒，孩子才能深入理解父母的心情。更重要的是，大人們能透過這種話語抑制自己的情感，才能讓自己不至於情緒失控。

Point

想表達不悅時，以「我」為出發點，可以讓對方更理解自己的難處。

#情緒控管　#換位思考

Note

/ / /

Chapter 7

歐巴馬……教你，鼓舞人心的「道歉術」！

71 歐巴馬教你5個「超溫暖說話技巧」

美國前總統歐巴馬是一位口才極佳的政治人物，他曾發表過多次令人印象深刻的演說，也經常幽默地回答記者的提問。

溝通專家麗莎・羅傑克（Risa Rogak）稱歐巴馬的演說為「關係式談話」，是種讓人與人之間心靈相通、感情順利交流的溝通方法。

麗莎指出，要學習歐巴馬的說話技巧，必須落實五個要點。

第一，在說自己想說的話之前，先思考對方想聽什麼話。

第二，與其開頭就強調自我主張，不如以「我跟你有同樣想法」開場，先讓對方有被肯定的感覺，再明確表達出自己的想法。

第三，確實了解對方的特點，呼應對方的感性。

第四，比起冗長的說明，不如簡潔地提出主張，並提供適當的依據，如此一來會得到不錯的說服效果。

第五，即使是負面訊息，也要用積極的方式表現。

這五個說話技巧可以從根本上避免失言，同時具備能夠說服對方的條件。

歐巴馬在其著作《無畏的希望：重申美國夢》（*The Audacity of Hope: Thoughts on Reclaiming the American Dream*）中寫道：

「我母親一直強調一個原則，就是要常問自己：『如果是自己，會有什麼感覺？』這句話始終是我政治生涯中的方針，我認為不論反問自己幾次都不為過，因為就整個國家而言，我們似乎普遍缺乏從對方立場思考的認知。」

但即使細心如他，還是無法完全避免失言。

二〇〇九年，他在美國熱門節目上接受訪問，內容談到他在白宮的生活，過程中他說自己的保齡球實力就像參加「特殊奧運會」一樣。

此話一出，引起民眾一陣撻伐，因為特殊奧運會是為智能障礙者設立的國際體育競賽，但歐巴馬卻用此種比喻謙稱自己的保齡球實力不佳，聽起來就像是在貶低智能障礙人士。

他在節目結束後深刻反省，並馬上致電向特殊奧運會主席致歉。

Point #尺度拿捏

想表達謙虛也要適度，若是謙虛過了頭，或使用不當詞語，就會造成反效果。

72 失言後，讓別人「秒原諒」的技巧是……

韓國名僧法輪師父在其著作《法輪師父的幸福》中說道：「如果我的心因為他人的話被釘住，那麼我會學著覺醒、悔悟；如果我說了一句話，害別人釘在心裡，那麼我的懺悔和悔悟一輩子都不會消失。」

他還奉勸大家，若是已經失言，那麼最好的方法就是真心地向對方道歉。大部分的人會為了維護自尊心，不願意向對方道歉，或是會選擇隨便地、不真誠地道歉，但這麼做反而會給對方帶來更大的傷害與不悅。

歐巴馬的另一件失言事例發生在二〇一三年。

當時他於舊金山一場慈善募款活動中，這樣稱讚加州的一位女性檢察總長：「妳不僅非常聰明，又將全心投入工作，可以說是美國史上最漂亮的檢察總長。」

然而這句話馬上遭到各界批評，大家紛紛指責他有外貌至上、物化女性的意思。

隨著爭議擴大，白宮發言人只能在接受記者提問時，再三強調歐巴馬總統並沒有任何貶低總長的意思，並因引起此番風波向大眾致歉。

一旦意識到自己失言，就該毫不遲疑地立刻認錯。因為一拖再拖，只會越來越難把道歉的話說出口，而且得到對方原諒的可能性也會大大降低。

在歐巴馬這兩次的失言事件中，正是因為他採取毫不遲疑、直接道歉的態度，才讓失言風波得以順利收場。

Point

#道歉

若已經失言，就必須立刻真誠地向對方道歉。

73 「如果讓你不高興，我道歉」，這句話是引爆爭執的導火線

我們很常聽到別人說：「如果讓你不高興，我向你道歉。」

事實上，這句話的前提一定是因為你傷害到對方，而需要道歉。所以，用「如果……」會讓人認為你不是出自於真心，反而更加不悅。

另外，我們也很常聽到：「如果我說的話造成你的誤會，我道歉。」這麼說好像在辯解「我話中真正的意思不是那樣」，是狡辯性質濃厚的道歉，稍有不慎，會讓對方以為誤解語意的自己才是錯的。應該換個方式說：「我說的話不是很恰當，我向你道歉。」可能會比較好。

向他人道歉時，應該要明白、爽快，千萬別附上其他條件，否則聽起來就不像是

認錯，反而像在為自己開脫。

我們也經常觀察到，犯錯之人有時會含糊不清地道歉，那是因為他們要顧及自己的面子，同時想掩飾犯錯的心情，但若是加以狡辯，絲毫不帶悔過之意，那麼還不如不要道歉比較好，就像下面這個例子。

世界知名設計師約翰．加利亞諾（John Galliano），有次到法國巴黎準備知名品牌的服裝秀。

他在忙碌之餘到巴黎一間酒吧喝酒，沒想到喝醉之後，他竟與一對猶太人情侶發生衝突。

他在爭吵時氣急敗壞地說：「像你們這種人跟你們的祖先，就應該在毒氣室裡被毒死。」另外還說出崇拜希特勒主義等反猶太人的言論，整個過程被一旁的客人用手機記錄了下來，並上傳至網路上。

事情爆發後，加利亞諾辯解道：「我那番話並不是出於惡意。」但沒人相信他的說法，各界仍指責不斷。

該品牌的香水代言人娜塔莉・波曼（Natalie Portman）對此表示：「我很驕傲我身為猶太人，鑑於此事，未來我將不再接任何與加利亞諾有關的工作。」

之後，事情越演越烈，但加利亞諾後續的道歉仍看不出誠意，他說：「如果因為我的行為而讓大家感到不悅，無論是什麼理由，我都道歉。」最後加利亞諾遭到該品牌開除，而且在世人心中被烙下種族歧視者的印記。

Point

道歉時，千萬別附上任何條件，否則會讓人感覺你並非真心懺悔。

#真心懺悔

74 犯錯後，狡辯絕對是下下策

人們一旦因為失言而受到指責，通常下意識地想先保護自己，所以會在回應時找各種藉口開脫，最常見的就是以「但是」作為辯解的開始，例如：「對不起，但是你真的誤會了。」

但這不能算是道歉，而是辯解，而且話語中隱約有種指責對方的意涵。表面上是在保護自己，實際上卻是暴露出新弱點的行為。

說明與辯解是不一樣的，說明是為了讓對方了解失言的理由，以及事情來龍去脈的一種溝通。

如果失言之後只有道歉，卻沒有任何說明，可能無法得到對方的原諒，應深刻了解自己做錯什麼並加以道歉，才能得到對方的諒解。

在二〇一六年底韓國ＳＢＳ電視台的頒獎典禮上，主持人李輝宰指著演員成東日的衣服嘲諷地說：「你是錄影完直接來的嗎」、「你真的是演員沒錯嗎」不斷暗指成東日穿的太邋遢。

除此之外，他還一再對得到最佳螢幕情侶獎的演員李準基與ＩＵ說，兩人「流動著一股微妙的情感」，這讓當時已有交往對象的ＩＵ感到困擾，所以許多粉絲皆表達不滿。

事後李輝宰誠心向三位藝人道歉，並在第二天馬上透過所屬經紀公司發表公開道歉文，風波才逐漸平息。

Point

失言後馬上狡辯，不僅不會獲得對方的原諒，還會讓人更討厭你。

#不狡辯

75 沒有真誠，何必請求原諒？

美國的企管顧問公司——活力睿智訓練中心（VitalSmarts），曾針對七百七十五名上班族，調查關於職場失言的議題。

調查顯示，有百分之八十三的人表示，曾經見過同事因為失言，而給自身經歷、評價、業務帶來毀滅性的後果；有百分之六十九的人則表示，自己曾經犯過失言的錯誤。

另外，失言後，有百分之三十一的人因此錯失了升職、加薪的機會，最嚴重的甚至失去了工作；百分之二十七的人因為失言使業績降低，或是無法再繼續進行業務工作；另有百分之十一的人，因此害自己的評價下滑。

究竟失言後，有沒有辦法挽回呢？

該中心的研究部長大衛．梅斯菲爾德（David Maxfield）表示：「就像包覆傷口的貼布，必須大於傷口的面積一樣，失言後也必須犧牲更多時間、自我、金錢等個人利益，才能表現出有說服力的道歉。」

他還補充了另一個例子。

有名受訪者某次與理事會高層進行電話會議，結束後他誤以為電話已經掛斷了，就大聲地說：「這些呆頭呆腦的傢伙怎麼能當管理人員？」

雖然他事後一一向高層們鄭重道歉，但因為他人言論而受傷的人，絕不會只希望得到一聲抱歉而已，因此你必須向對方確實傳達自己真心悔過的心意，並求得原諒。

Point

失言容易引發蝴蝶效應，所以我們平常應該謹慎發表言論。

#慎言

76 真不真心？肢體語言已經出賣你了！

在韓國KBS電視節目中，曾有個很受歡迎的單元，名為「乞丐的品格」，主題是一個不乞討，而且堂堂正正向人要錢的乞丐的日常生活。

有場戲中，路人一登場就不小心踢到乞丐，乞丐大叫並不斷地喊著好痛。所以他要求路人向他道歉，但路人只是漫不經心地說：「抱歉，行了吧？」乞丐氣不過，便說：「什麼叫『行了吧』？『行了吧』的意思是指一點都不覺得抱歉，是勉為其難才道歉的！把『行了吧』去掉，再重新說一遍。」

於是路人表情無奈地說了聲：「對不起。」但說完馬上用一副受不了的樣子說：「哼，真是的！」

乞丐更不爽地說道：「你說什麼？後面那句去掉，再說一遍。」

路人覺得乞丐小題大做，但還是說了：「對不起。」

但事情並沒有因此結束，乞丐說：「不要搖頭晃腦的，請好好地道歉，要看著我的眼睛，再一次真心地道歉。」

道歉時，絕對不能漏掉了「態度」，這名乞丐一次次地要求對方重覆，就是要確認對方是否為真心認錯。

話語中的真實性，會透過態度顯露出來。而且眼神、臉部表情還有肢體動作是很難隱藏的，尤其是透過眼神，可以明確地知道說話的人帶著什麼樣的情感。

Point

道歉時的態度很重要，一個不注意，眼神與動作都會出賣你。

#態度

77

真正會說話的人，都遵守這3項準則

真正成功的政治領導人或宗教領袖都有一個共同點，就是即使不用說很多話，也能帶給人們信任的感覺。

就像孔子說的：「巧言令色，鮮矣仁。」意思是教人說話要誠懇，不可花言巧語，所以只要秉持著真心說話，就能帶來很大的力量。

在《三國志》中，劉備臨死前將兒子託孤給諸葛亮，他說：「君才十倍曹丕，必能安國，終定大事。若嗣子可輔，輔之；如其不才，君可自取。」

這席話中充分顯露出自己的真心。這讓諸葛亮也誠懇地回答：「臣敢竭股肱之力，效忠貞之節，繼之以死！」

真誠地對待他人，是說出好話的真諦，然而世上並沒有完美之人，所以任何人都會失言。

那麼為了與他人進行心靈相通的對話，我們可以實行以下幾點：第一，冷靜地回顧曾經失言的情況；第二，檢視怎麼樣才能避免失言；第三，用心思考失言後的對策。

如果能實踐以上三點，失言反而能成為你學習、成長的最佳機會。

Point

秉持著真心發言，才能增加他人對你的信任感。

#誠懇

國家圖書館出版品預行編目（CIP）資料

化「失言」轉成被秒稱讚的 77 個說話技巧：這年頭,說話可以直，但要記得帶點甜！／朴真英박진영著；馮燕珠譯. -- 二版. -- 新北市：大樂文化有限公司, 2023.01
240 面；14.8×21公分 --（優渥叢書 Business；86）
譯自：한순간에 관계를 망치는 결정적 말실수

ISBN 978-986-5564-41-4（平裝）
1. 說話藝術　2. 溝通技巧　3. 人際關係
192.32　110012353

Business 086

化「失言」轉成被秒稱讚的 77 個說話技巧

這年頭，說話可以直，但要記得帶點甜！

（原書名：零失誤說話課）

作　　者／朴真英 박진영
譯　　者／馮燕珠
封面設計／蕭壽佳
內頁排版／思　思
責任編輯／高丞嫻
主　　編／林宥彤
發行專員／鄭羽希
會計經理／陳碧蘭
發行經理／高世權、呂和儒
總編輯、總經理／蔡連壽

出 版 者／大樂文化有限公司（優渥誌）
地址：新北市板橋區文化路一段268號18樓之1
電話：（02）2258-3656
傳真：（02）2258-3660
詢問購書相關資訊請洽：（02）2258-3656
郵政劃撥帳號／50211045　戶名／大樂文化有限公司

香港發行／豐達出版發行有限公司
地址：香港柴灣永泰道 70 號柴灣工業城 2 期 1805 室
電話：852-2172 6513　傳真：852-2172 4355

法律顧問／第一國際法律事務所余淑杏律師
印　　刷／韋懋實業有限公司

出版日期／2019 年 9 月 23 日
2023 年 1 月 12 日 二版
定　　價／280 元（缺頁或損毀的書，請寄回更換）
I S B N　978-986-5564-41-4